# BIBLIOTHÈQUE
# CHRÉTIENNE ET MORALE

### APPROUVÉE PAR

## MONSEIGNEUR L'ÉVÈQUE DE LIMOGES

Grd in-8°, 4e Série

Tout exemplaire qui ne sera pas revêtu
de notre griffe sera réputé contrefait, et
poursuivi conformément aux lois.

*Barbou frères*

# L'AFRIQUE AU IVᵉ SIÈCLE

L'Afrique au IV<sup>e</sup> siècle.

# L'AFRIQUE
# AU IVᴱ SIÈCLE

PAR

AMAND BIÉCHY

PROFESSEUR DE PHILOSOPHIE

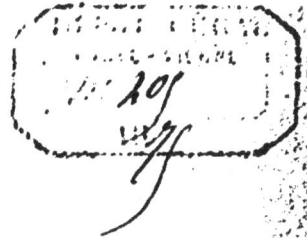

LIMOGES

BARBOU FRÈRES, IMPRIMEURS-LIBRAIRES

# SAINT AUGUSTIN

—

Saint Augustin (1) naquit à Tagaste, ville de la province de Numidie, près de Madaure et d'Hippone, le 13 novembre 354. Son père, nommé Patrice, était l'un des curiales, ou principaux de la ville de Tagaste; cependant il ne jouissait pas d'une grande fortune. Il était d'un bon naturel, mais prompt et emporté. Il fut long-temps sans croire en Jésus-Christ, et ne se convertit

---

(1) On ajoute ordinairement au nom de saint Augustin celui d'Aurélius, mais on ne trouve ce dernier nom que dans l'inscription de l'histoire qu'Orose lui dédie, et au livre II, chap. 10, de l'ouvrage de Claudien Mamert sur l'état de l'âme : c'est, sans doute, de là qu'il a passé dans le public.

même que vers la fin de sa vie. Quant à la mère de saint Augustin, elle fut en tous points digne d'un tel fils; elle se nommait
Monique, et eut, comme lui, l'insigne honneur d'être, après
sa mort, admise par l'église au nombre des saints qu'elle honore.
Elle eut de Patrice trois enfants : saint Augustin, Navige, que
nous retrouverons dans le cours de cette histoire, et une fille qui
se consacra à Dieu, et mourut abbesse d'un couvent. Navige eut
plusieurs enfants : des filles, qui entrèrent aussi en religion,
probablement dans la maison dont la sœur de saint Augustin
était supérieure, et un fils, nommé Patrice, qui fut sous-diacre
de l'Église d'Hippone. Plusieurs autres parents du saint se
trouvèrent encore mêlés, d'une manière notable, à son histoire :
tels sont Lastidianus et Rusticus, ses cousins ; Séverin, à qui il
écrit une de ses épîtres (la cent soixante-dixième); Romanicus
et Licentius, son fils, dont le genre de parenté avec saint Augustin est obscur et peu connu.

Sa mère, dès qu'elle l'eut mis au monde, le fit marquer du
signe de la croix sur le front, pour le mettre au nombre des
catéchumènes, « et lui faire goûter ce sel divin et mystérieux,
qui est une figure de la vraie sagesse. »

Dans ses Confessions, il dit, en parlant de sa première enfance, que cet âge même n'est pas exempt de péché : « J'ai vu,
dit-il, un enfant qui était tellement jaloux et envieux qu'il en
était devenu tout pâle, et qui, ne sachant pas même encore
parler, ne laissait pas de regarder avec colère et avec aigreur
un enfant qui tétait la même nourrice que lui (1). »

Quand le temps en fut venu, on l'envoya à l'école : il y montra plus d'aptitude que de zèle pour l'étude. « Car, dit-il en se
rappelant ce temps, je ne manquais, Seigneur, ni d'esprit ni
de mémoire; votre bonté a voulu que j'en eusse assez pour cet

_____

(1) Confessions, liv. I, ch. 11.
(2) Confessions, I, 7.

âge. Je ne manquais que d'affection pour l'étude : elle était bannie de mon cœur par la passion du jeu , qui me possédait , et qui était la cause de tous les traitements rigoureux que j'éprouvais. Cependant ceux qui punissaient en moi cette passion étaient possédés d'une pareille : car les niaiseries des hommes passent pour des affaires importantes, et celles des enfants, au contraire, sont punies par ceux mêmes qui les imitent , sans que nul ait pitié ni des enfants ni des hommes, qui sont encore plus enfants que ceux-là. Et certes un juge équitable peut-il approuver que je fusse puni avec rigueur parce que je jouais à la paume à un âge où l'on est enchanté de ce divertissement, et parce que ce jeu retardait un peu le progrès que j'eusse pu faire dans les lettres humaines et dans les sciences séculières , lorsque celles-ci ne devaient elles-mêmes être un jour pour moi qu'un jeu d'esprit, plus indigne de la sagesse et de la gravité d'un homme que le jeu de paume ne l'était de la faiblesse et de la légèreté d'un enfant ? Je péchais néanmoins contre vous, mon Dieu , je péchais en désobéissant aux commandements de mes parents et de mes maîtres , puisque , quelles que fussent leurs intentions à l'égard de mes études, je pouvais toujours, lorsque je serais avancé en âge , me servir utilement des lettres et des sciences qu'ils désiraient que j'apprisse (1). »

Outre l'instruction religieuse qu'il recevait de sa mère , il se trouva , pendant son enfance, en relation avec quelques serviteurs de Dieu. « Et j'appris d'eux , dit-il à ce sujet, autant que je pouvais être capable de concevoir quelque idée de vous (Dieu), que vous étiez quelque chose de grand et de sublime , et que, encore que vous fussiez caché à nos sens, vous pouviez exaucer nos prières et nous secourir ; ensuite de quoi je commençai , tout enfant que j'étais , à vous demander l'assistance, et à m'adresser à vous comme à mon refuge et à mon asile. J'apprenais

_____

(1) Confessions, 1, 9 et 10.

1.

à ma langue bégayante à vous invoquer; et, quoique je fusse
petit, l'affection avec laquelle je vous priais d'empêcher que je
n'eusse le fouet à l'école n'était point petite. Or il arrivait souvent que vous n'exauciez point ma prière, ce que vous faisiez
pour mon bien; et alors les personnes âgées, et même mon père
et ma mère, qui n'eussent pas voulu qu'il me fût arrivé aucun
mal, se riaient de mes douleurs, qu'ils considéraient comme de
légères peines, et qui passaient dans mon esprit pour le plus
grand et le plus redoutable de tous les maux. (1). »

Il était encore dans un âge fort tendre lorsqu'il fut un jour surpris d'une douleur d'estomac si vive, et d'un étouffement si
violent, qu'on le crut près de rendre l'esprit. Il supplia avec une
ferveur extrême qu'on lui donnât le baptême. Sa mère, troublée
d'un mal si soudain, se hâta de donner ordre que tout fût disposé
pour que le sacrement fût administré au jeune enfant. Mais,
tandis qu'on s'y préparait, le mal se calma, et l'on différa de
nouveau de le laver dans les eaux purifiantes du baptême, parce
que l'on croyait qu'il était impossible que, après qu'il aurait
recouvré la santé, il ne se souillât pas encore par de nouvelles
offenses, et que l'on était persuadé alors que les fautes que l'on
commet après avoir été plongé dans le bain *céleste* étaient beaucoup plus graves que celles que l'on a commises auparavant.

Ses parents désiraient vivement qu'il devînt habile dans les
belles-lettres. Ils lui en firent donc étudier les principes à Tagaste, puis à Madaure. La répugnance qu'il avait d'abord mani-
festée dans l'étude s'évanouit quand il eut franchi les premiers
éléments, et fit place à un goût des plus vifs pour les lettres,
notamment pour les poètes : il pleurait en lisant la mort de Di-
don. Mais la difficulté qu'il éprouvait à étudier la langue grecque
mêlait comme une espèce d'amertume à la douceur des fables
si ingénieuses qu'il y apprenait. Aussi le Saint avoua-t-il depuis,

---

(1) Confessions, I, 9 et 10

dans plusieurs de ses ouvrages, que le grec lui était peu famil-
lier (1). On l'obligeait de rendre en prose les endroits les plus
animé de Virgile, par exemple les paroles ardentes et enflam-
mées de Junon, lorsque, dans le transport de sa colère, elle se
plaint de ne pouvoir empêcher le roi des Troyens d'arriver en
Italie; et on l'excitait à ce travail par les vaines acclamations par
lesquelles on l'élevait au-dessus de ses compagnons d'étude. On
l'habituait ainsi à se préoccuper beaucoup plus de la manière
de s'exprimer que de ce qu'il devait faire, et d'avoir plus de
souci d'observer et de suivre les lois des grammairiens que
celles de Dieu.

Le fruit de cette mauvaise éducation ne tarda pas de se faire
sentir. Le jeune Augustin, bien que les personnes qui le dirigeaient ne fussent pas, à l'exception de sa mère, d'une conduite
fort austère, ne laissa pas de les offenser par ses dérèglements.
L'amour du jeu, la passion violente des spectacles, et le désir
d'imiter et de représenter ensuite les fables futiles qu'il avait
vues, le portaient à tromper et ses précepteurs et son père et
jusqu'à sa tendre et pieuse mère.

« Je prenais aussi, ou plutôt je dérobais plusieurs choses au
logis et sur la table de mon père, ou pour satisfaire l'intempé-
rance de ma bouche, ou pour avoir de quoi donner aux enfants
qui me vendaient le plaisir que je prenais de jouer avec eux,
quoique eux-mêmes n'y en prissent pas moins que moi. Et souvent, lorsque nous jouions ensemble, j'usais de surprise et de
tromperie pour remporter le prix et comme une espèce de victoire dans ces jeux, tant j'étais possédé d'avoir toujours l'avantage sur les autres. Et cependant, voulant bien les tromper de la
sorte, je ne voulais nullement souffrir qu'ils me trompassent de
même. Je criais contre eux, et les accablais de reproches et d'injures, lorsque je les avais surpris, et, quand ils m'y surpre-
naient, je me mettais en colère au lieu de céder. »

_____

(1) Traité de la Trinité, III, Préface.

« Est-ce là cette prétendue innocence des enfants? Il n'y en a
point en eux, Seigneur ; il n'y en a point, mon Dieu ; et je
vous demande pardon encore aujourd'hui d'avoir été du nombre
de ces innocents : car c'est cette même et première corruption
de leur esprit et de leur cœur qui passe ensuite dans toute leur
vie. Tels qu'ils ont été à l'égard de leurs précepteurs et de leurs
parents, ils le sont à l'égard des rois et des magistrats : après
avoir commis de petites injustices pour avoir des noix, des
balles et des oiseaux, ils en commettent de grandes pour
amasser de l'argent, pour acquérir de belles maisons et pour
avoir un grand nombre de serviteurs (1). »

Saint Augustin quitta Madaure et rentra dans sa famille quand
il eut atteint sa seizième année. Son père voulait l'envoyer achever
ses études à Carthage ; mais il dut le garder une année entière
près de lui, en attendant qu'il eût préparé l'argent nécessaire
pour ce voyage. Il le faisait plutôt par un effort d'ambition pour
son fils que parce que ses ressources le lui permettaient. Il y
était aussi entraîné par les éloges que lui valaient, de la part de
ses concitoyens, les sacrifices qu'il faisait pour son fils : nul
d'entre eux, même parmi les riches, ne prenait un tel soin de
ses enfants. Mais il ne se mettait nullement en peine que son fils,
à mesure qu'il avançait en âge, avançât aussi dans la crainte
de Dieu, ni qu'il fût sage, et ne désirait autre chose sinon qu'il
fût éloquent et qu'il sût composer un discours fleuri. « Cependant, dit saint Augustin, j'étais moi-même alors une terre déserte
et infructueuse, et le champ de mon âme, dont vous étiez, mon
Dieu, le seul, le bon et le véritable maître et possesseur, ne
recevait aucune culture de votre main ni aucune influence de
votre grâce (2). »

« Ainsi, lorsque, en cette seizième année de mon âge, la nécessité de quelques affaires domestiques me contraignit d'interrom-

---

(1) Confess., I, 19
(2) Ibid., II, 3.

pre mes études et de demeurer dans la maison de mon père, je me sentis piqué par des pointes des désirs impurs. Ces épines et ces ronces crûrent tout d'un coup et s'élevèrent par-dessus ma tête, sans qu'il se trouvât aucune main favorable pour les arracher... Hélas! mon Dieu, vous demeuriez dans le silence pendant que je m'éloignais si fort de vous. Mais comment oserais-je dire que vous soyez demeuré dans le silence? De qui étaient ces paroles que ma mère, votre fidèle servante, faisait retentir à mes oreilles, sinon de vous, mon Dieu, qui me parliez par sa bouche? Et cependant il n'y en avait aucune qui pénétrât dans mon cœur et qui me persuadât de lui obéir : car il me souvient que, dans la crainte qu'elle avait que je tombasse dans le vice, elle me prit un jour en particulier et m'avertit, avec une vive émotion, de ne me point laisser emporter à des plaisirs impurs; mais ces remontrances passaient dans mon esprit pour des remontrances de femme, et il me semblait qu'il m'eût été honteux de les suivre. Et lorsque j'étais parmi ceux de mon âge, et qu'ils se vantaient de leurs excès et de leurs débauches d'autant plus qu'elles étaient infâmes, j'avais honte de n'être pas aussi corrompu que les autres, et je me portais avec ardeur dans le péché, non pas tant pour le plaisir que j'y trouvais que pour être loué de l'avoir commis.

« Qu'y a-t-il dans le monde qui soit digne de blâme, si ce n'est le vice? Et cependant, par un renversement étrange, c'était la crainte même du blâme qui me portait à me rendre vicieux. Et lorsque je n'avais rien fait qui pût égaler les débauches des plus perdus, je faisais semblant de l'avoir fait pour ne paraître d'autant plus vil et plus méprisable que je serais plus chaste et plus innocent (1). »

Ce goût pernicieux qu'il avait à faire le mal pour le mal le poussa même un jour à commettre un larcin, non qu'il y fût !

_____

(1) Confess., II, 3.

réduit par aucun besoin, car ce qu'il déroba il le trouvait chez lui en abondance : il ne cherchait dans le larcin que le larcin lui-même. « Je voulais plutôt me repaitre de la laideur du vice que du fruit de l'action vicieuse (1). Il y avait près de la vigne de mon père un poirier dont les poires n'étaient ni fort belles ni fort agréables au goût. Nous en allâmes une troupe de méchants enfants, après avoir joué jusqu'à minuit, comme ce désordre n'est que trop commun, nous nous en allâmes, dis-je, secouer cet arbre pour en emporter tout ce qu'il y avait de fruits. Et nous nous en revinmes tout chargés de poires, non pour les manger, mais seulement pour les prendre, quand on eût dû les jeter aux pourceaux...

« O mon Dieu, voici mon cœur devant vous ; voici mon cœur, dont il vous a plu avoir pitié lorsqu'il était au plus profond de l'abime. Qu'il vous dise maintenant ce qu'il recherchait dans son action, ce qui le portait à se rendre coupable gratuitement et sans avoir aucun sujet de sa malice que sa malice même ; car j'ai aimé cette malice, toute honteuse qu'elle était ; j'ai aimé à me perdre ; j'ai aimé mon péché, je ne dis pas seulement ce que je désirais d'avoir par le péché, mais le péché en soi, dans sa difformité naturelle (2).

» Il est certain que si j'eusse été seul, je n'eusse point commis ce larcin, puisque je n'étais point porté à le commettre par le désir d'avoir la chose que je dérobais, mais par le désir même de la dérober ; et, à moins que d'être en compagnie, je n'eusse pris aucun plaisir à le faire, et je ne l'eusse jamais fait. C'est ainsi qu'une amitié pernicieuse et coupable fait passer pour un jeu de voler le bien d'un homme, sans que d'ailleurs nous y soyons poussés, ni par la vengeance, puisqu'il ne nous a fait aucun mal, ni par le gain, puisqu'il ne nous en revient aucun avantage ; mais seulement parce que l'on se dit l'un à

(1) Confess., II, 4.
(2) Confession.

l'autre : Allons, faisons, et que l'on a honte de n'avoir pas perdu toute honte (1). »

Vers la fin de l'an 370, il se rendit à Carthage pour y achever ses études. Il y trouva un ami précieux dans la personne de Romanien, le principal citoyen de cette ville. Celui-ci le fit loger chez lui, fournit à sa dépense et le dirigea dans sa conduite et ses études. Son maître de rhétorique se nommait Démocrate (2). Il tint bientôt le premier rang parmi ses condisciples, ce qui ne laissait pas que de lui donner de la présomption. Il fréquentait la société des jeunes gens les plus élégants de Carthage, qui, sous le nom de Renverseurs (Eversores), qu'ils se donnaient entre eux, remplissaient la capitale de l'Afrique du bruit de leurs débauches et de leurs folies. Ils se plaisaient, entre autres, à entrer dans les salles des cours, à y troubler les leçons qui s'y donnaient, ainsi que l'ordre que les maîtres y avaient établi. Mais, bien qu'il fût de leur société, Augustin ne les suivait que de très-loin, par fausse honte plutôt que par goût, dans les excès qu'ils commettaient. La délicatesse native de son âme l'en éloignait, mais ne le préservait pas toutefois de la soif de l'emporter sur ses condisciples et de s'enorgueillir des succès qu'il obtenait. Un seul luttait contre lui : il se nommait Simplicius et était doué d'une mémoire prodigieuse.

Cette retenue, toute relative, n'était point telle cependant qu'il ne s'engageât de bonne heure dans une liaison impudique : son humilité lui a fait faire sur ce sujet des aveux d'une franchise extrême. Il fut, à la vérité, fidèle à cette liaison, tout illégitime qu'elle fût ; il y persévéra pendant quatorze ans (jusqu'en 385), et n'en forma point d'autre ni pendant ni depuis ; et, en se quittant à Milan, lui et la personne avec laquelle il s'était engagé ainsi, formèrent le vœu de vivre désormais dans la continence.

Il avait eu de cette personne un fils nommé Adéodat (*donné de*

(1) Confess., II
(2) Rhétorique ch. 2.

*Dieu*), qui naquit vers l'an 371. Cet enfant était doué de qualités excellentes, et son développement fut tellement prématuré que saint Augustin assure qu'à l'âge de quatorze ou quinze ans il était en état de soutenir avec avantage un entretien avec des hommes graves et instruits (1).

Quand Adéodat fut à l'adolescence, saint Augustin, quelques années après sa conversion, le fit assister à ses conférences. Il demanda un jour : Quel est celui qui a Dieu en soi ? » Après que chacun eut répondu, et que le tour d'Adéodat, qui était le plus jeune de la compagnie, fut venu, il dit que c'était celui qui n'avait pas en soi l'esprit impur ; et, comme on le pria d'expliquer cette parole, il ajouta qu'il entendait que celui-là avait vraiment Dieu en lui, qui était chaste, qui regardait Dieu sans cesse et ne s'attachait qu'à lui.

Les œuvres de saint Augustin contiennent une foule de traces et de réminiscences d'Adéodat : le saint assure dans ses Confessions (2) que le livre *du Maître* est le fruit des entretiens qu'il eut avec son fils, et que tout ce qui est sous le nom de cet enfant, dans le dialogue, est de lui, quoiqu'il n'eût alors que seize ans. Il ajoute que la force et l'étendue de l'esprit d'Adéodat l'étonnèrent plusieurs fois. Il lui dédia son livre sur les Catégories, et le plaça parmi les interlocuteurs du dialogue sur la grandeur de l'âme, où il nous le fait connaître comme ayant une ardeur extrême pour connaître la vérité, non-seulement par les lumières de la révélation, mais encore par celles de l'intelligence. Aussi lui répète-t-il à plusieurs reprises qu'il est des choses qui sont au-dessus de la portée de notre raison, et que nous ne devons point rechercher avec tant de curiosité.

Il voulut qu'Adéodat reçût le baptême en même temps que lui, et méditait le projet de se retirer avec lui du monde, pour

(1) De la brièveté de la ie.
(1) *Idem*, IX, 6.

se consacrer exclusivement à Dieu, quand ce noble jeune homme lui fut enlevé par une mort prématurée.

Après avoir un peu anticipé sur la suite des événements pour donner à la fois tout ce qui concerne Adéodat, nous revenons à l'époque où nous en sommes restés ci-dessus, c'est-à-dire à l'an 371. Augustin, qui avait alors dix-sept ans, perdit son père; mais sa mère ne lui en fit pas moins poursuivre le cour de ses études. Romanien continuait d'ailleurs à lui accorder son appui.

Il étudiait principalement la rhétorique. « Dans le cours de cette étude, dit-il, et selon l'ordre que l'on suit pour apprendre cette science, j'étais arrivé à la lecture d'un livre de Cicéron, de cet orateur fameux dont, à la vérité, on a admiré plus la langue que le cœur. Cet ouvrage, qui porte le nom d'Hortensius et qui contient une exhortation à la philosophie, me toucha au point de changer mes affections et même les prières que je vous faisais, mon Dieu, et m'inspira des pensées et des désirs tout autres. Je commençai aussitôt à mépriser toutes les vaines espérances de la terre; je brûlais d'un amour ardent et d'une passion incroyable d'acquérir cette sagesse immortelle, et j'avais déjà commencé à me laver et d'aller à vous; car je ne lisais pas ce livre pour polir mon style, selon les vues qu'avait ma mère en me faisant étudier, mais pour nourrir mon âme; et, m'occupant plus du sens que des termes, et de l'excellence du sujet qu'il traite que du choix des paroles, je demeurai persuadé de la doctrine qui y est enseignée. »

Il brûlait du désir de se détacher des choses terrestres afin de s'élever vers Dieu, sans se rendre toutefois un compte bien net du but de cet amour ardent qu'il ressentait pour la sagesse. Ce qui lui plaisait surtout dans le discours de Cicéron c'était que cet auteur l'exhortait puissamment à aimer, à rechercher, à embrasser non une secte particulière de philosophes, mais la sagesse même, quelle qu'elle pût être. Il en était tout ravi et tout embrasé; et la seule chose qui le refroidit un peu dans son ardeur pour ce livre, c'était qu'il n'y voyait point le nom de Jésus-Christ (1).

« Je résolus alors de lire l'Ecriture sainte, dit-il, pour connaître ce que c'était , et je reconnus par expérience et non par lumière que c'est un livre qui ne peut être pénétré par les superbes; ni entendu par les enfants ; qui, paraissant bas dans l'entrée, se trouve fort élevé dans la suite, et dont la doctrine est voilée de mystères et de figures. Je n'étais pas capable d'entrer dans ses secrets si sublimes, non plus que de m'abaisser pour en goûter l'élocution simple et sans ornements: je n'en faisais pas alors le même jugement qu'aujourd'hui, et elle me semblait indigne d'être comparée à la majesté du style de Cicéron. Mon orgueil en méprisait la simplicité, et mes yeux n'étaient ni assez clairvoyants ni assez perçants pour en découvrir les beautés cachées. Il est vrai que, paraissant basse pour s'accommoder aux humbles et aux petits, elle s'élève à mesure qu'on avance ; mais je dédaignais d'être petit, et la vanité, qui me tourmentait, me faisait croire que j'étais grand (2).

Vers cette même époque, en cherchant à s'expliquer la redoutable question de l'origine du mal, il tomba dans l'hérésie des manichéens.

Les manichéens étaient une des nombreuses sectes que l'on désigne sous le nom générique de gnostiques, et qui étaient nées dès les premiers jours de la religion chrétienne. La délivrance de tout mal physique et de tout mal moral, promise par l'Evangile à ceux qui auraient suivi jusqu'à la fin les voies du Christ, et mal interprétée par l'esprit subtil des peuples de la Grèce et de l'Orient, cette délivrance promise, disons-nous, devait soulever et entourer d'un vif intérêt la *question de l'origine du mal moral et physique*. Les solutions erronées qu'on en

---

(1) Confess., III, 4.
(2) Confess., III, 5.

donna firent naître une foule d'hérésies, diverses dans la forme
et le développement, mais ayant un fond commun, qui est de
s'occuper du même problème et de le résoudre autrement
que l'Eglise. Ces hérésies sont désignées sous le nom général des
gnostiques.

De ces sectes, les unes, frappées principalement des éléments
d'ordre, d'harmonie et de beauté qui éclatent dans la création,
prétendaient avec raison que celle-ci était l'œuvre d'un Dieu
unique, bienfaisant, tout-puissant, qui l'avait produite sans
assistance ni opposition. Mais ils s'éloignent dès les premiers
pas de la doctrine de l'Eglise ; le monde, pour eux, n'a point
été créé immédiatement de Dieu, mais il est le produit d'une
série de créations hiérarchiques : le Dieu suprême, profond,
insondable, règne avec le silence sur des hauteurs invisibles,
ineffables, au sein d'une éternité absolue, du calme et de l'im-
mobilité. Il enfanta dans le silence la raison et la vérité ; celles-
ci enfantèrent la parole (le verbe) et la vie (le monde), et la
parole et la vie, l'homme et l'Eglise. Aussi ces derniers ne pos-
sèdent-ils qu'une révélation imparfaite de Dieu (1). C'est là ce
que ces hérétiques appellent les quatre qualités. La parole et la
vie, l'homme et l'Eglise ont été produits pour la gloire de leur
Père ; ils ont, à leur tour, voulu glorifier leur Père par leurs
propres productions. Ainsi la parole et la vie ont donné naissance à dix éons (êtres) en cinq couples ; et la vie à six couples
ou douze éons, afin que, de cette manière, réunis aux quatre
qualités, ils accomplissent le monde parfait, trente.

Ces étranges conceptions, mélange monstrueux de doctrines
empruntées aux sources les plus diverses, forment le point de
départ de l'une des deux grandes divisions de la secte des gnostiques, de celle que l'on désigne du nom de valentiniens, em-
prunté à celui de Valentin, sectaire du 1er siècle de l'Eglise.

_____

(1) Voir saint Irénée, saint Epiphane, Origène et saint Clément d'A-
lexandrie

L'autre espèce de gnostiques résolvait différemment le problème de l'origine du bien et du mal. Ceux-ci prétendaient qu'il
y avait deux principes qui avaient présidé à la création du monde, et qui s'en disputaient perpétuellement le gouvernement.
Cette espèce de gnostiques se subdivisait en plusieurs sectes,
dont la principale est celle des manichéens.

Ceux-ci tiraient leur nom de Manès, leur chef, Perse d'origine, qui fonda sa doctrine du milieu à la fin du IIIe siècle.

A cette époque, les Perses, qui venaient de s'affranchir du
joug des Parthes, s'ingéniaient à rétablir, sous la dynastie des
Sassanides, qu'ils venaient de mettre à leur tête, les anciennes
coutumes de leur pays, et notamment la religion de Zoroastre,
qui avait été celle de leurs pères depuis Cyrus. La religion de
Zoroastre avait les plus grandes relations avec celle que Manès
s'efforça d'établir : comme celle-ci, elle admettait deux principes, l'un bon, Ormusd; l'autre méchant, Ahriman. Aussi les
prédications de Manès furent-elles, dès l'abord, accueillies avec
faveur en Perse. Mais ses partisans furent bientôt exposés à des
persécutions, et lui-même dut s'enfuir vers l'Est ; il osa néanmoins reparaître en Perse; il fut pris, et périt d'une mort violente. Le roi le fit, dit-on, écorcher.

Sa mort n'empêcha pas sa doctrine de se répandre et de s'avancer vers l'Occident.

Les manichéens voulaient être comptés au nombre des chrétiens, quoiqu'ils cumulassent les torts des schismatiques et ceux
des hérétiques. Ils regardaient Manès comme l'apôtre de Jésus-
Christ, comme le Paraclet, comme l'organe de la révélation
chrétienne. On ne peut, du reste, voir dans la doctrine de Manès
que l'esquisse fort grossière d'une tentative faite pour expliquer
les désordres apparents de ce monde. Ces désordres y sont expli-
qués par l'existence originelle de deux forces contradictoires,
comme la lumière et les ténèbres, le bien et le mal, dont l'une
s'appelle Dieu, et l'autre la matière. Le bon principe est supérieur au mauvais ; mais il ne peut le détruire, ni même le
dompter. Le bon principe est le théâtre et le principe de l'har-

monie, de l'ordre et de la beauté; le mauvais, du désordre et de la laideur; toutes ses parties sont dans une lutte perpétuelle, et lui-même est en lutte éternelle avec le bon principe. Dans cette lutte, les deux principes se mêlent, se pénètrent pour mieux se saisir : de là résulte, dans le monde, le mélange du bien et du mal, c'est pourquoi encore il n'y a rien dans le monde qui soit parfaitement bien, ou entièrement mal; mais en toutes choses se trouve, à des degrés divers, le mélange de l'un et de l'autre de ces deux éléments.

Cependant le bien l'emporte en force sur le mal, et il porte en lui la certitude intime de la victoire future sur le mal, victoire à laquelle il marche résolument. Le méchant est comme le lion qui fond sur le troupeau du bon pasteur : celui-ci a creusé une fosse profonde, où il a placé un bouc; le lion avide de dévorer ce bouc, s'élance dans la fosse et y est pris dans un piège, où il périt, tandis que le berger retire son bouc, et le sauve, ainsi que son troupeau.

Dans sa lutte contre le bon principe, le mauvais principe lui a enlevé des parties qu'il a conquises, et dont il se propose de se faire des armes pour prolonger le combat avec de nouvelles chances de succès. Il les réunit en un corps consistant, et en forme l'homme. Mais, contrairement aux desseins qu'eut le prince des ténèbres en le créant ainsi, l'homme se tourne contre lui, et dirige toutes choses vers le bien. Il est vrai que son origine se trahit souvent en lui, et que le mauvais principe triomphe fréquemment dans ses œuvres; mais le repentir efface le péché, et l'homme se relève.

Il y a parmi les hommes deux classes : les élus et les disciples; les élus possèdent et pratiquent la doctrine de Manès; les disciples sont ceux qu'on instruit dans cette doctrine : ils peuvent observer tous les usages des autres religions; ils acquièrent du mérite par leur commerce avec les élus et par leur bienfaisance envers eux.

Les élus portent en eux la lumière et la font triompher sur les ténèbres. Mais, pour qu'elle luise en eux, ils doivent dompter leurs désirs sensuels et se soumettre à une vie austère, purement spirituelle. Leurs caractères sont au nombre de trois : la bouche, les mains et la poitrine ; la bouche, c'est-à-dire que l'élu doit s'abstenir de toute mauvaise parole, ainsi que de tous les mets qui, tel que le vin et la viande, peuvent exciter les désirs sensuels ; la poitrine, c'est-à-dire que l'élu doit s'abstenir du mariage ; les mains, c'est-à-dire que l'élu doit non-seulement s'abstenir de toute atteinte à la vie des plantes ou à celle des animaux, mais de toute action absolument. La sainteté de l'élu consiste dans le repos absolu et dans la contemplation ; l'action est une souillure, qui doit être expiée, après cette vie, par une part moins belle, lors de la transmigration des âmes. L'élu s'abandonne entièrement aux forces de la nature : il est tout passif ; il n'agit et ne pense pas même.

Les manichéens admettaient aussi la doctrine de la metempsycose, d'après laquelle les âmes, après cette vie, subissent une série de migrations, et passent dans des corps et des situations plus ou moins nobles, selon qu'elles se sont perfectionnées ou souillées et corrompues dans la vie antérieur (1).

Augustin se laissa gagner par la secte de ces hérésiarques ; il quitta pour eux Cicéron, parce qu'ils professaient au fond, comme sa mère, au moins sur quelques points et en apparence, la doctrine du Christ. Ils s'adressèrent d'ailleurs à son imagination sensibles, et à son ardent amour de la science, en lui persuadant qu'une science profonde était le partage de leurs adeptes, et serait le sien s'il adhérait à leurs principes. Plein du sentiment amer de ses souillures, il fut aidé par eux à trouver une excuse à ses vices. Le manichéisme ne parait point avoir jamais jeté des racines bien fortes en lui. Il est vrai que ce ne fut que fort tard qu'il fut initié aux mystères de la doctrine, et

(1) V. le doct. H. Ritter, Hist. de la Philosoph. chrétienne, T. I, passim.

que pendant plusieurs années il n'en connut et n'en adopta que
certaines parties, ce qu'il y avait de plus saillant et de vulgaire ;
savoir : les principes généraux du dualisme , tels qu'ils se ma-
nifestent dans la lutte de la chair avec l'esprit , dans l'homme
pécheur ; et les représentations sensibles de la théorie des éma-
nations et des dons , telle qu'elle a été exposée plus haut.

Son habileté dans la dialectique exerça sur lui, dans cette circonstance, une influence des plus fâcheuses. En lui apprenant
à embarrasser ses adversaires dans un réseau de subtilités, elle
lui procurait dans les discussions des avantages, qu'il attribuait
ensuite à la bonté de la cause qu'il défendait, au lieu de les
rapporter à sa supériorité. C'est ainsi qu'il engagea dans ses
erreurs plusieurs personnes, et entre autres ses deux amis intimes, Alypius et Romanianus.

Ce fut avec une douleur profonde que sainte Monique apprit
que son fils était tombé dans l'hérésie. Un sage et pieux évêque,
touché des larmes amères qu'elle versait, et des ferventes prières
qu'elle adressait au ciel pour en obtenir que son fils rentrât
dans la bonne voie, lui dit pour la consoler: « Allez, continuez
de prier pour lui , car il est impossible qu'un fils pleuré avec
tant de larmes périsse jamais. » Un songe qu'elle eut peu après
acheva de lui rendre l'espérance : elle vit une personne qui lui
dit de ne se mettre plus en peine de son fils , et de le considérer
comme étant déjà au même lieu qu'elle. Elle en fit part à son fils,
qui prétendit que ce songe signifiait qu'elle serait un jour du
même avis que lui. « Cela ne peut-être, répondit-elle aussitôt ;
car il ne m'a pas été dit en songe : *Considérez que vous êtes où
il est*; mais : *Considérez qu'il est où vous êtes*. » Cette repartie
si prompte et si juste fit grand effet sur le jeune Augustin.
Il n'en persévéra pas moins encore pendant neuf ans dans son
hérésie.

Néanmoins les paroles de l'évêque et ce songe calmèrent
sainte Monique ; elle souffrit que son fils mangeât de nouveau à
sa table, ce qu'elle ne lui avait pas permis depuis sa chute. Il
était revenu à Tagaste. Mais, au lieu de plaider au barreau, où

ses études semblaient devoir le conduire naturellement, il se mit à enseigner la grammaire et la rhétorique, et le fit avec un grand succès.

« Je trompais les autres en public, dit plus tard le Saint en parlant de ce temps, par ces sciences qu'on nomme les belles-lettres ; et je les trompais en secret par le beau nom de religion. Mon orgueil agissait d'une part ; ma superstition, de l'autre, et ma vanité, en tout. Je brûlais d'un si grand désir pour la vaine gloire et pour les louanges populaires que je les recherchais jusque dans les applaudissements du théâtre, jusque dans les prix qu'on décerne à ceux qui réussissent dans un ouvrage d'esprit, jusque dans ces ambitieux combats que l'on livre pour des couronnes fragiles et périssables, jusque dans les niaiseries des spectacles et dans les dissolutions des voluptés. Cependant, pour me purifier de ces souillures, je portais des viandes à ceux que les manichéens appelaient saints et élus. Voilà les erreurs où j'étais plongé, voilà les actions ridicules que je faisais et que faisaient mes amis, qui n'étaient pas moins trompés que moi, et qui l'avaient été par moi. »

L'extrême douleur que lui causa la perte d'un de ses amis lui fit quitter Tagaste, et le ramena à Carthage. Il était mu aussi dans ce retour au sein de la capitale par un autre motif moins noble : c'était qu'il y trouvait un plus grand théâtre pour son enseignement, et plus de chances de se faire un nom. Romanianus continuait à pourvoir généreusement à ses besoins, et lui confia l'éducation de ses enfants. Il concourait parfois pour les prix que l'on décernait au théâtre pour les meilleurs ouvrages d'esprit. Un devin lui offrit un jour de lui faire gagner un prix, en immolant quelques animaux pour conjurer les démons. Mais Augustin lui fit répondre, avec un sentiment d'horreur, que, la couronne à conquérir fût-elle d'or et immortelle, il ne souffrirait pas que, pour la lui procurer, on fît mourir une mouche.

Il n'en remporta pas moins le prix de poésie.

Malgré son aversion pour la vaine science des magiciens, il

ne laissait pas que d'ajouter foi à la science non moins vaine de l'astrologie. Les astrologues, que l'on désignait alors sous le nom de mathématiciens, prétendaient que les influences des corps célestes étaient cause de nos péchés. Il y avait alors à Carthage un homme de grand esprit, très-savant et médecin très-renommé : c'était lui qui, de sa propre main et en qualité de proconsul, avait déposé sur la *tête si malade* d'Augustin la couronne qu'il avait remportée dans le combat de poésie. Ce fut pour lui une occasion de se mettre en relation avec ce respectable vieillard ; il trouvait un extrême plaisir à écouter ses discours, qui, sans être fort ornés, étaient graves et agréables par la beauté et la vivacité des pensées. Lorsque ce vieillard, qui se nommait Vindicien, apprit qu'Augustin était passionné pour les livres d'astrologie, il lui conseilla, avec une bonté paternelle, de les quitter, et de ne pas perdre à cette vaine étude des peines et un temps qu'il pourrait employer utilement. Il ajouta qu'il l'avait apprise autrefois, et qu'il l'avait quittée parce qu'il s'était bientôt aperçu que tout y était futile et sans aucun fondement (1). Ces discours ne guérirent point complétement Augustin de sa passion pour l'astrologie, mais ils ne laissèrent pas cependant d'ébranler sa confiance, et une anecdote que lui raconta un de ses amis, nommé Firmin, acheva de lui ouvrir les yeux.

Le père de ce jeune homme était très-curieux d'astrologie, et surtout ne laissait pas échapper une occasion d'en appliquer les prétendus principes, en observant l'état du ciel chaque fois qu'il voulait entreprendre quelque chose, et qu'un enfant naissait dans sa maison. Il arriva, par une étonnante coïncidence, que sa femme et une esclave appartenant à l'un de ses amis donnèrent le jour, au même instant, chacune à un fils. L'état astrologique du ciel était parfaitement le même pour les deux

---

(1) Confess., IV, 3.

enfants ; leur fortune, suivant les principes de l'astrologie, devait donc être identique. Cependant le fils de l'esclave subit
toute sa vie la triste condition de sa mère, tandis que l'autre
enfant devint riche et puissant, et jouit de tout le bonheur que
l'on peut désirer sur cette terre.

Le récit de cette anecdote, qui lui fut fait par Firmin lui même,
détruisit dans l'esprit d'Augustin les derniers vestiges de sa foi
en l'astrologie, et lui inspira une honte salutaire pour la faiblesse qu'il avait eue (1).

Cette croyance à l'astrologie était d'ailleurs fort répandue à
cette époque ; il y avait aussi des devins, qui partageaient avec
les astrologues la faveur et la crédulité publiques. L'un de ceux-
là, nommé Albicète, avait un succès prodigieux, soit qu'il fût
très-heureux dans ses réponses, soit, comme saint Augustin le
pense, qu'il fût inspiré de quelque démon (2). Il est vrai que
ce qu'il rapporte de cet homme est on ne peut plus étrange.

C'est ainsi qu'il dit qu'ayant un jour perdu une cuiller, il le
fit consulter pour savoir ce qu'elle était devenue. Albicète, à qui
l'on avait caché le nom de la personne pour laquelle on le con-
sultait, dit de suite quel était le propriétaire et quel était le voleur de la cuiller.

Un des jeunes gens qui suivaient les cours d'Augustin défia
un jour Albicète de lui dire à quoi il pensait. Le devin, qui était
d'une complète ignorance en littérature, répondit à l'écolier
qu'il pensait à un vers de Virgile, et le lui récita sur-le-
champ.

Quelqu'un lui envoya un jour une gratification par un esclave. Albicète, avant d'avoir vu l'argent, dit à l'esclave : On
m'envoyait tant, mais tu en a volé telle partie, et tu ne voulais
me remettre que le reste.

(1) Confess., VII, 6.
(2) Académiques, I, 6 et 7.

L'esclave, confondu, avoua sa faute, et la répara.

Un grand personnage, nommé Flaccien, proconsul d'Afrique, ayant l'intention d'acheter une terre, somma Albicéte de deviner son dessein. Celui-ci le satisfit à l'instant même, et dit même à Flaccien le nom de la terre, nom qui était tellement bizarre que Flaccien n'avait lui-même pu s'en souvenir qu'à peine.

Augustin avait vingt-six ou vingt-sept ans lorsqu'il composa ses premiers ouvrages : ils roulaient sur la beauté considérée en elle-même et dans l'idée que nous nous en faisons, et sur la beauté dans ses rapports, en tant qu'elle résulte de l'harmonie et de la convenance. Mais ces ouvrages étaient déjà perdus au temps où saint Augustin écrivait ses confessions (397 après J.-C.), et il en avait un si faible souvenir qu'il ne savait plus s'ils étaient au nombre de deux ou de trois (1).

Nous avons vu que l'attachement d'Augustin pour l'hérésie manichéenne avait toujours été mêlé de beaucoup de réserve : le vide de son enseignement, qui de jour en jour lui apparaissait avec plus d'évidence, ainsi que les désordres et les scandales que commettaient non-seulement les *disciples* de cette doctrine, mais surtout les *élus*, qui étaient censés en être les saints, le dégoûtaient de plus en plus de cette secte (2).

L'un de ces manichéens, qui était fort riche et en même temps fort zélé, affligé de ces excès qui déconsidéraient la secte, était parvenu, non sans peine, à déterminer un certain nombre des plus célèbres *élus* de Rome, où il habitait, à se réunir dans sa maison, et à y vivre à ses dépens, en observant rigoureusement la règle que Manés avait prescrite à ses sectateurs. Mais cette société ne dura guère : fatigués de l'austérité de cette vie, ils se séparèrent brusquement. Cependant leur hôte, éclairé sur l'immoralité profonde de ses coréligionnaires et de ceux-là mêmes

(1) Confess., IV, 13.

(2) De Moribus Manichæorum, C. 19.

qu'il avait jusqu'alors considérés comme des saints, et qui, pendant leur séjour près de lui, l'avaient épouvanté par le cynisme de leur discours, éclairé enfin, disons-nous, quitta le manichéisme, et rentra au sein de l'Eglise (1).

Pour retenir Augustin dans leurs rangs, et en même temps pour calmer son impatience lorsqu'ils ne pouvaient répondre aux objections qu'il leur soulevait, les manichéens l'engagèrent à attendre que leur plus illustre docteur, nommé Fauste, fût arrivé, et lui promirent que cet homme le satisferait pleinement sur toutes les difficultés qu'il lui proposerait. Fauste vint enfin à Carthage, vers 383, et Augustin le vit (2).

C'était le fils d'un pauvre artisan de Milène en Numidie. Il avait embrassé la secte des manichéens, et était devenu un de leurs *élus*, et même de leurs évêques. Il se vantait d'avoir accompli à la lettre le précepte de l'Evangile, qui ordonne de quitter père, mère, femme, enfants, fortune, pour suivre le Sauveur. Mais tout cela n'était qu'apparent, et, en réalité, il vivait fort mollement. C'était, du reste, un homme d'un commerce agréable, instruit, spirituel, fort adroit ; il joignait à ces avantages une certaine éloquence, qui se composait d'une grande facilité d'élocution, d'un style orné, et du talent de relever par le coloris et la grâce de l'expression les pensées les plus communes. Les manichéens en faisaient le plus grand cas : c'était l'aigle de leur secte ; il leur avait acquis bon nombre de prosélytes, et ils comptaient sur son talent pour retenir Augustin, qu'ils voyaient avec douleur prêt à leur échapper. Fauste essaya d'abord de l'éblouir par de belles paroles ; mais Augustin en mit la vanité à nu, et pressa son adversaire de lui offrir une nourriture plus solide. Fauste confessa alors son ignorance.

---

(1) De Moribus Manichæorum, C. 20.

(2) In faustum Manichæum, passim. — Confess., M, 6. 6, 7. — De Utilitate credendi, C. 3, 8.

Cette franchise plut à Augustin, et dès·lors, quittant avec lui le terrain de la controverse religieuse, où il n'espérait pas recevoir de lui de nouveaux éclaircissements, il ne l'entretint plus désormais que de choses profanes. L'unique résultat de cette conférence fut pour lui de le détacher définitivement du manichéisme ; et, s'il ne rompit point encore ouvertement avec eux, il ne leur appartint plus de cœur ; et, inquiet, agité, l'esprit en suspens, errant sur le sable mouvant du doute, il attendit qu'il trouvât une croyance qui remplaçât celle qui venait de s'évanouir en lui.

Peu après cette conférence, il quitta secrètement l'Afrique, sans même en informer Romanien, et s'embarqua pour l'Italie et pour Rome. Sa mère avait deviné son dessein, et s'y était vivement opposée ; elle le suivit jusque sur le rivage pour l'en détourner, et il fut obligé d'user d'une feinte pour se dégager de ses sollicitations. Il lui dit qu'il ne se rendait sur le vaisseau que pour y faire ses adieux à un de ses amis qui partait pour Rome. Sainte Monique le crut, et revint le lendemain sur le rivage ; mais son fils n'y était pas, et le vaisseau fuyait à l'horizon. Elle se plaignit amèrement, et ne laissa pas cependant que de recommander vivement Augustin à Dieu, pour qu'il eût soin de son âme, et ouvrît enfin à la lumière les yeux de ce fils chéri.

A peine fut-il débarqué qu'il tomba dangereusement malade. On désespéra de ses jours ; il se refusait néanmoins à demander le baptême. « Cependant, dit-il (1), ma fièvre redoublait toujours, et j'étais sur le point de mourir et de mourir pour l'éternité. Ma mère, qui ne savait pas l'état déplorable où j'étais réduit, priait pour moi en mon absence. Et vous, mon Dieu, qui êtes présent partout, l'écoutiez favorablement au lieu où elle était, tirant mon corps d'une maladie si violente, lorsque

_____

(1) Confess., V. 9.

mon âme était infiniment plus malade par son impiété et ses blasphèmes. Bien que je fusse dans un péril extrême, je ne demandais point le baptême, manifestant moins de piété à cet âge que je n'en avais alors qu'étant enfant je demandais à ma mère, pendant une grande maladie, qu'elle me fît baptiser. »

Quand il fut rétabli, il enseigna la rhétorique à Rome; mais il n'y demeura que le temps nécessaire pour apprendre à connaître les fourberies des écoliers de Rome. Ils se réunissaient, et conspiraient ensemble pour ne point payer à leur maître le prix de son enseignement, et abandonnaient tout à coup sa classe pour se rendre dans celle d'un autre maître, en frustrant le premier du prix qui lui était dû (1).

Vers ce temps les habitants de Milan écrivirent à Symmaque, gouverneur de Rome, et le prièrent de leur envoyer un professeur de rhétorique, qui devait être payé au compte de la ville. Augustin sollicita cet emploi, en se servant de l'influence des manichéens, qui ne se doutaient pas plus que lui que ce voyage devait le dégager de leurs liens. Symmaque, cédant à cette influence, fit venir Augustin, et lui ordonna de faire une harangue, pour s'assurer qu'il était capable de remplir les fonctions auxquelles il aspirait. Il en fut satisfait, et envoya Augustin à Milan.

Dès que celui-ci y fut arrivé, il alla trouver saint Ambroise, qui était évêque de cette ville, et en même temps l'un des hommes les plus éminents de son siècle. Ce saint homme le reçut en père, et avec une charité digne d'un évêque (2).

« Aussitôt, dit saint Augustin, je commençai à l'aimer, non pas d'abord comme un maître de la vérité, puisque j'avais perdu entièrement l'espérance de pouvoir la trouver dans votre Eglise, mais comme une personne qui avait de l'affection pour

---

(1) Confess., V. 12.
(2) Confess., V. 13.

moi. J'allais l'écouter avec grand soin lorsqu'il enseignait le peuple, non avec l'intention qui eût convenu à la circonstance, mais pour m'assurer si son élcquence répondait à sa réputation. Tout mon esprit était occupé à considérer les paroles, méprisant les choses, et n'y faisant nulle attention ; et je prenais grand plaisir à la douceur de ses discours, quoique, tout en étant plus vrais et plus savants que ceux de Fauste, ils ne fussent pas néanmoins remplis d'autant de charme et de grâce. Car, pour le sens, il n'y avait point lieu à comparaison : l'un s'égarait dans les chimères trompeuses des manichéens, et l'autre instruisait avec fruit les hommes, pour les conduire au salut. Mais ce salut est bien éloigné des pécheurs tels que je l'étais alors ; néanmoins je m'en approchais peu à peu, sans m'en douter (1). J'écoutais donc le saint évêque, sans me mettre en peine d'apprendre ce qu'il disait, mais seulement de la manière dont il le disait : cette vaine affection pour l'éloquence était en effet tout ce qui m'était resté, après avoir perdu toute espérance qu'un homme pût trouver un chemin pour aller jusqu'à vous. Néanmoins, comme les choses étaient inséparables des paroles, je ne pouvais empêcher les unes d'entrer ensemble et pêle-mêle avec les autres dans mon esprit. Et lorsque j'appliquais toute mon attention à bien remarquer l'éloquence de ses discours, j'en reconnaissais en même temps la force et la vérité; ce qui cependant ne se sent que peu à peu et par degrés. D'abord il me sembla que ce qu'il disait pouvait se soutenir raisonnablement, et que j'avais eu tort de croire qu'on ne pouvait, sans témérité, défendre la foi catholique.

• J'employai tous mes efforts pour trouver des arguments capables de renverser ceux des manichéens ; et, si j'eusse pu me représenter dans mon esprit une substance spirituelle, toutes ces chimères se fussent évanouies ; mais cela n'était pas encore en mon pouvoir.

(1) Confess., V, 13

« Je résolus donc d'abandonner les manichéens, et je tombai dans le doute le plus complet; je ne voulais plus demeurer dans une secte dont la doctrine me paraissait moins probable que celle de beaucoup de philosophes, auxquels néanmoins j'étais très-loin d'avoir recours pour la guérison de mon âme, parce que je ne rencontrais dans leurs écrits aucune trace du nom et de la doctrine de Jésus Christ (1). »

Tandis qu'Augustin était ainsi en proie à l'incertitude, sa mère bravait les dangers d'une longue navigation et d'un voyage par terre, et venait le visiter à Milan. Elle y apprit avec bonheur que sa confiance au manichéisme était tout à fait ébranlée ; elle voyait dans cet événement le gage d'une prochaine et complète conversion et le commencement de la réalisation des promesses qui lui avaient été faites à cet égard. « Mais en même temps, dit saint Augustin, elle redoublait ses larmes et ses prières vers vous, mon Dieu, qui êtes la source des miséricordes, afin qu'il vous plût d'avancer votre secours et d'illuminer bientôt mes ténèbres. Elle allait à l'église avec plus de soin et de ferveur que jamais, ravie d'entendre votre serviteur Ambroise et de boire à cette fontaine de vérités évangéliques, dont les claires eaux rejaillissent jusqu'à la vie éternelle. »

Elle avait voulu continuer de pratiquer à Milan, comme on le faisait en Afrique, l'ancienne coutume d'honorer les tombeaux des martyrs et des saints, en y apportant des paniers pleins de viande et de vin qu'elle offrait à ces bienheureux, et qu'elle distribuait ensuite, après en avoir goûté, aux pauvres qui se trouvaient dans l'église et aux personnes qui l'avaient accompagnée; mais saint Ambroise le lui défendit, à cause des abus qui étaient résultés de cette coutume, et qui l'avait fait généralement abolir. Sainte Monique s'empressa de se conformer aux ordres du prélat, se réservant de faire ailleurs ses aumônes aux pauvres, selon son pouvoir.

---

(1) Confess., V, 14.

Augustin suivait aussi assidûment les sermons de saint Ambroise ; il y apprenait, avec surprise, combien étaient fausses toutes les imputations que les manichéens soulevaient contre le catholicisme, et qui l'en avaient le plus détourné. Il était en effet de cette hérésie comme de toutes les autres : elle attribuait à la doctrine orthodoxe les croyances les plus étranges et les plus ridicules, et en éloignait ainsi ceux qui n'avaient pas le pouvoir ou la volonté de s'assurer combien ces assertions étaient calomnieuses.

Il fut chargé, vers ce temps, de prononcer un panégyrique en l'honneur de l'empereur. Tandis qu'il s'y préparait, il vit un jour, dans une rue de Milan, un pauvre un peu ivre, et qui se réjouissait et jouait. Cette vue le fit soupirer, et, se tournant vers un de ses amis qui l'accompagnait, il compara sa situation à celle de ce pauvre : que d'efforts lui faisait faire son ambition ! quelle charge pesante ne lui imposait-elle pas, pour n'arriver, en définitive, qu'à une joie aussi tranquille que celle dont ce pauvre jouissait devant eux, et qu'il n'obtiendrait peut-être jamais ! Avec un peu d'argent, acquis par des aumônes, ce pauvre possédait pour quelques instants ce qu'Augustin cherchait « au prix de tant de travaux, de tours et de retours, savoir, la joie d'une félicité temporelle (1). »

La plupart des amis d'Augustin l'avaient suivi d'Afrique à Milan. Parmi ceux-ci se distinguaient surtout Alype et Nébride.

Alype, d'une des premières familles de Tagaste, avait été l'un des élèves d'Augustin. Plus tard il était devenu son ami, et leur affection mutuelle n'était égalée que par l'estime qu'ils professaient l'un pour l'autre. Alype était passionné pour les jeux du cirque ; mais Augustin, par ses exhortations, parvint à l'en guérir. Il alla à Rome pour y étudier le droit. Tandis qu'il était

_____

(1) Confess., VI, 6.

dans cette ville, une circonstance étrange transforma en un goût très-vif l'horreur qu'il avait jusqu'alors ressenti pour les combats de gladiateurs. Quelques-uns de ses amis, l'ayant rencontré après dîner, l'entraînèrent, comme en se jouant, et malgré lui, et le menèrent à l'amphithéâtre au temps de ces jeux de mort, quoiqu'il leur criât : « Si vous avez assez de force pour entraîner mon corps en ce lieu, en aurez-vous assez pour rendre, malgré moi, mes yeux et mon esprit attentifs à ces spectacles cruels ? J'y assisterai sans y être et sans y rien voir, et je triompherai ainsi d'eux et de vous. » Ils ne l'en emmenèrent pas moins avec eux, voulant peut-être éprouver s'il aurait assez de pouvoir sur lui-même pour faire ce qu'il disait. Lorsqu'ils furent arrivés au lieu des jeux et qu'ils se furent placés le mieux qu'ils purent, ils trouvèrent tous les spectateurs dans l'ardeur de ces plaisirs sanglants. Alype ferma les yeux aussitôt, et défendit à son âme de prendre part à cette horrible fureur. Soudain il entendit un grand cri que jetait tout le peuple, à propos d'un accident extraordinaire qui avait eu lieu dans un des combats de gladiateurs : se laissant emporter à la curiosité, et se flattant qu'il serait toujours maître de lui-même, Alype ouvrit les yeux, et, dit saint Augustin, son âme fut frappée aussitôt d'une plaie plus grande que ne l'était celle du gladiateur qui mourait en ce moment, et dont la chute avait excité cette clameur. Il n'eut pas plus tôt vu couler le sang qu'il devint cruel et sanguinaire ; il ne détourna plus les yeux de ce spectacle, mais s'y arrêta, au contraire, avec ardeur : la passion du sang pénétra dans son âme et s'en empara, il la recevait avec joie, comme il eût fait d'un breuvage délicieux.

Il devint spectateur comme les autres ; il s'anima et jeta des cris comme eux, et il apporta de ce lieu une passion d'autant plus ardente qu'elle était plus nouvelle : il y revint désormais, et lui, qu'on y avait entraîné de force, entraîna les autres à son tour (1).

_____

(1) Confess., VI, 8.

Ce même Alype avait été, quelques années auparavant, accusé
injustement de vol. Un jour qu'il se promenait dans une des
salles basses du palais de justice, à Carthage, il vit tout-à-coup
s'enfuir précipitamment de cette salle un écolier qui tenait à la
main une hache qu'il jeta pour fuir plus vite. Il avait coupé
avec cet instrument des plombs qui ornaient le palais du côté
de la rue des Changeurs. On avait entendu du dehors les coups
de hache, et l'on approchait pour s'emparer de celui qui frappait ainsi, quand il en fut averti par la rumeur que faisaient
ceux qui venaient pour le prendre. Il s'était donc empressé de
se dérober à leurs recherches, et avait jeté sa hache, pour n'être
pas reconnu. Alype, qui ignorait ce qui venait de se passer, la
voyant à terre, la releva et la considéra quelques instants. Il est
surpris dans cette position par ceux qui cherchaient le voleur.
Ils se saisissent de lui, et l'entraînent comme un criminel vers
le prétoire du juge. La foule les suivait, poussant des cris de
colère contre celui qu'elle croyait être le voleur. Ils trouvèrent
sur leur chemin l'architecte chargé de l'entretien du palais de
justice : cet homme connaissait Alype pour l'avoir rencontré
chez un sénateur; surpris de le voir en cette situation, il le
prit à part et lui en demanda la cause. Quand il en fut informé,
il commanda à l'escorte et à la populace de le suivre avec leur
captif, et les conduisit devant le logement de celui qu'il soup-
çonnait d'être le véritable auteur du vol. Ils trouvèrent près de
la porte de la maison un petit garçon qui était de la famille du
voleur. L'architecte lui montra la hache, et lui demanda à qui
elle était. « Elle est à nous, » répondit l'enfant. La foule et l'escorte, confuses, reconnurent alors leur erreur, et l'on arrêta le
véritable voleur (1).

Augustin avait encore avec lui un autre de ses amis, nommé
Nébride, qui avait quitté d'abord son pays, et ensuite Carthage,

_____

(1) Confess., VI, 9.

ses biens et sa mère même, pour suivre Augustin, et travailler avec lui à la recherche de la vérité et de la sagesse.

« Il soupirait comme moi, dit le Saint ; il était dans l'irrésolution et le doute, cherchant avec passion la vie bienheureuse, et doué d'ailleurs d'une lumière et d'une vivacité d'esprit admirables pour pénétrer dans les questions les plus ardues. Ainsi nous étions trois amis ensemble, tous trois pauvres et misérables, gémissant l'un avec l'autre et déplorant notre misère, et vous présentant, mon Dieu, nos bouches ouvertes, dans la faim qui nous pressait, afin que vous daignassiez les remplir de la nourriture céleste, après laquelle nous soupirions (1). »

Ils vivaient ainsi tous trois au sein de l'irrésolution et du doute, ne sachant ni ce qu'ils devaient croire ni ce qu'ils devaient faire : ballottés, d'une part, entre le manichéisme, le catholicisme et même le scepticisme ; et, d'autre part, tout aussi peu fixés sur le genre de vie qu'ils voulaient adopter : rentreraient-ils dans les voies de la chasteté ? se marieraient-ils ou continueraient-ils à vivre dans le désordre, ainsi qu'ils le faisaient ! telles étaient les questions qu'ils se posaient. Un jour ils formèrent, au nombre de dix, le projet de vivre en commun, de ne faire plus qu'une famille, où nul n'eût rien de propre, et où le bien de chacun fût à tous en général et à chacun en particulier. Parmi eux il y en avait de fort riches, surtout Romanien : nul n'avait pour cette proposition plus d'ardeur que celui-ci, ni plus d'autorité pour persuader les autres, d'autant plus qu'il était celui de tous qui avait le plus de biens.

Il fut décidé que chaque année deux membres de la société seraient chargés par les autres d'administrer, en qualité d'intendants, tout ce qui concernerait les recettes et les dépenses de la famille, tandis que les autres demeureraient dans un plein repos, sans se mêler d'aucune affaire. « Mais lorsque, dit saint

_____

(1) Confess., VI, 10.

Augustin, nous vînmes à nous demander si les femmes que quelques-uns d'entre nous avaient déjà et celle que je voulais épouser souscriraient à notre dessein, tout ce beau projet, que nous croyions si bien établi, s'évanouit et s'en alla en fumée (1). »

Cet état d'incertitude où se trouvaient Augustin et ses amis ne leur était point particulier : c'était le caractère général du siècle. Le iv<sup>e</sup> siècle est un temps de ferveur pour ceux qui sont réellement chrétiens; mais tout le monde n'étaient point encore chrétien : beaucoup flottaient incertains entre toutes les doctrines qui se disputaient alors les esprits. Malgré la décadence rapide des lettres et des arts, il y a un mouvement intellectuel considérable mais un peu confus. Une lutte solennelle est engagée; deux géants sont aux prises : le christianisme et le paganisme; celui-ci usé, décrépit, mais vivant encore et s'efforçant de prolonger son existence; celui-là, jeune, ardent, enthousiaste, s'avançant d'un pas ferme et avec une force irrésistible vers la conquête du monde, mais agité, troublé par mille sectes qui fourmillent dans son sein. L'état des esprits est donc des plus divers : les uns croient avec ferveur, et seraient prêts, si l'occasion s'en présentait de nouveau, de marcher au martyre; d'autres doutent, hésitent, passent d'une croyance à l'autre, ou les confondent dans de monstrueux mélanges. C'est un chaos au sein duquel le vieux monde s'agite, en attendant les barbares que la Providence a convoqués, et qui approchent, pour venir renouveler la face de l'Europe et apporter l'Evangile des races jeunes, vigoureuses et pleines d'avenir, à la place du monde qui se dissout.

Une époque pareille convenait peu à des âmes telles que celle d'Augustin : rien de grand ne se faisait alors dans le monde, en dehors de la religion; aucune carrière profane ne s'ouvrait

_____

(1) Confess., VI, 14.

alors devant les hommes qui se sentaient de la force et une
noble ambition. Sur cette pente rapide, qui entraînait l'empire
romain vers sa chute, il n'y avait plus de place pour le génie et
la gloire. Que pouvait faire une intelligence d'élite au sein de ce
monde qui se mourait ?

Il semble que ce dût être vers cette époque que se manifesta,
pour la première fois, cette maladie de l'âme que l'antiquité
païenne et toute matérialiste ne connut point, et dont l'appari-
tion fut comme la révélation d'un sens nouveau dans l'homme :
ce mal mystérieux, doux et amer tout à la fois, qu'aucune parole ne peut faire comprendre ; ce mal dont souffrent les âmes
les plus délicates et les plus pures, les âmes qui soupirent au
sein du plaisir, qui pleurent au sein de la joie, et pour lesquelles les biens d'ici-bas n'ont plus d'attrait, parce qu'elles en ont
sondé le vide, qu'elles ont entrevu des horizons nouveaux, et
qu'elles rêvent ce que le monde ne saurait leur donner, le bonheur dans l'idéal et l'infini.

Mais la religion rectifie tout : à ceux qui sont tourmentés de
ce mal elle assigne un but dans la vie, elle trace la route par
laquelle ils atteindront l'objet de leurs rêves, la terre des joies
sans mélange, la vue et la possession sans fin et sans trouble
de la source de tout bien, de Dieu. Le chrétien n'attend rien de
ce monde : il ne s'y considère que comme en un lieu d'épreuve,
que comme un voyageur qui passe, comme un captif qui traîne
sa chaîne ; il ne supporte qu'avec impatience son enveloppe
mortelle ; il a hâte de voir ses ailes, dégagées enfin du pesant
fardeau de la vie, en deçà du tombeau, prendre leur essor vers
la terre des élus.

De là, au iv⁰ et au v⁰ siècle, ces hommes si forts, qui, fatigués
du monde, se plongèrent dans la solitude, s'ensevelirent, pour
ainsi dire, vivants dans le désert, afin d'anticiper, autant qu'il
dépendait d'eux, sur les temps qu'ils appelaient de leurs vœux,
et afin que, sans cesse en face d'eux-mêmes, ils n'eussent plus
rien qui pût les distraire de leurs graves préoccupations, à leurs
ardentes aspirations vers le bonheur suprême, de la contempla-

tion perpétuelle de la cité de Dieu, le monde, ne comprenant pas ces hommes, plaignait leur sort, tandis qu'eux, goûtant, dès cette vie, la paix céleste, suppliaient Dieu de les épargner, parce que, disaient-ils, leurs cœurs n'étaient pas assez forts pour supporter les délices dont il les inondait.

Avant la révélation de la doctrine chrétienne, les hommes, ne connaissant rien au-delà de ce monde, y bornaient leurs désirs. Mais le christianisme avait rompu cet équilibre en ouvrant à la pensée de l'homme des horizons nouveaux; il avait fait naître en lui des désirs nouveaux pour des biens devant lesquels tous ceux de cette vie n'étaient que poussière et néant. On se prit dès-lors de dégoût pour ceux-ci : une mélancolie sainte et douce chez ceux qui croyaient, triste et amère chez ceux qui ne croyaient pas, s'empara des âmes d'élite. Ceux qui avaient la foi trouvèrent le remède à leur mal dans ce qui est le remède de tous les maux, la piété, la confiance en Dieu, la prière. Mais malheur à ceux qui ne croyaient pas ! malheur à ceux qui, initiés aux doctrines chrétiennes, sans y croire cependant, s'obstinaient à marcher dans les vieilles ornières du passé, à en poursuivre les vains fantômes !

Comme une barque livrée à une tempête sans fin, leur âme, en proie à une sombre inquiétude, à des désirs vagues et insatiables, se tournaient en vain de tous côtés, cherchant un port : partout ils ne trouvaient que des orages et des écueils, et pas un asile où ils pussent jeter l'ancre. En laissant pénétrer le doute dans leurs âmes, ils avaient, pour ainsi dire, vidé pour eux le ciel, ôté son charme à la nature et son sens à la vie. Ils avaient allumé dans leur âme malade la soif d'une vie réelle, de biens réels, et ils ne trouvaient autour d'eux que déception et néant.

Telle était la situation d'Augustin et de ses amis avant leur conversion. Leurs intelligences d'élite avaient soif de vérité et de bonheur, mais elles s'étaient détournées de l'unique source de la vérité et du bonheur. Aussi souffraient-elles ; les premiers livres des Confessions ne sont autre chose que le récit de cette souffrance, que la plainte que le souvenir en arrache à saint Augustin. Arrivé au port, il se complaît à jeter un regard mélancolique sur son passé; il se le retrace à lui-même avec des regrets amers, avec des pleurs de repentir, en gémissant non-seulement sur les fautes qu'il a commises, mais avant tout sur les années qu'il a perdues à chercher sa voie, tout en s'obstinant, aveugle qu'il était, à la méconnaître alors qu'elle s'ouvrait devant lui.

Ses amis se trouvaient tous dans la même situation; l'influence presque souveraine qu'il exerçait sur eux faisait qu'ils passaient par toutes les phases de son âme, qu'ils subissaient le contre-coup de toutes les révolutions de sa pensée. Sceptiques, manichéens et enfin chrétiens avec lui, ils suivaient avec confiance sa voie, quelle qu'elle fût, et s'inclinaient sans murmurer devant la supériorité de son génie.

Parmi ses amis était (ce qui peut donner la mesure de l'ascendant qu'exerçait saint Augustin sur tout ce qui approchait de lui) un homme riche et puissant, plus âgé que lui, grand ami de son père, et qui fut le protecteur et le soutien de sa jeunesse. Il l'aida de sa fortune, de son crédit, de son affection surtout; il l'aida, non point avec cette hauteur qui veut rappeler sans cesse à l'obligé la distance qui le sépare de celui qui lui a rendu service, mais avec noblesse; il fut le premier à entourer Augustin de sa considération et de son estime, à proclamer ses talents. « Cette façon de traiter un jeune homme, dit M. de Saint-Marc-Girardin, et de le mettre de bonne heure sur le pied d'homme distingué et fait pour être aux premiers rangs, est le plus grand appui qu'on puisse lui donner; car l'estime est la protection la plus délicate et la plus efficace en même temps, surtout dans les sociétés polies et raffinées, où les rangs se déterminent encore plus par les égards que par les titres. »

« C'est vous qui, dit saint Augustin à Romanien en lui rappelant ses premières années, c'est vous qui, alors que je n'étais qu'un pauvre petit jeune homme, allant étudier loin de ma ville natale, m'accueillîtes et dans votre maison, et au sein de

votre abondance, et, ce qui est bien plus, dans votre cœur ;
c'est vous qui, lorsque je fus privé de mon père, m'avez con-
solé par votre amitié, m'avez encouragé par vos exhortations,
m'avez aidé par votre fortune ; c'est vous qui, par votre faveur,
par votre familiarité, en m'ouvrant votre maison, m'avez fait,
dans notre municipe lui-même, presque illustre et l'un des
principaux comme vous (1). »

Romanien était un homme heureux et puissant de son temps,
et saint Augustin fait, à ce propos, le portrait de ce qu'était un
tel homme au iv⁰ siècle.

L'homme influent, au iv⁰ siècle, était celui qui donnait au
peuple des combats de bêtes féroces, surtout s'il inventait
quelque nouveau genre de combats, ou s'il faisait paraître
quelque animal qu'on n'eût point encore vu. Alors les cris, les
applaudissements, l'enthousiasme, éclataient quand il entrait
au théâtre. L'homme influent avait une inscription en son honneur, gravée sur le bronze, et qui lui avait été votée par sa
cité, comme à son patron. Souvent les cités voisines s'asso-
ciaient à ce témoignage, à condition de partager ses faveurs. Il
avait sa statue sur la place publique. Souvent la cour ajoutait
à ces honneurs un titre de *perfectissimus* ou même de *clarissimus*, et alors il devenait le roi et l'empereur de sa cité. Il avait
table ouverte ; à cette table, sans cesse renouvelée, la foule
trouvait une nourriture abondante, et ses amis une chair exquise et recherchée. Le soir, après le repas, des acteurs particuliers venaient jouer la comédie dans ses salons. Il avait plusieurs maisons toutes bâties avec goût ; des habitations avec
des Parcs et des jardins délicieux dans les environs de la ville,
et des bains au bord de la mer, où éclataient le marbre et le
bronze. Il était joueur, mais joueur honnête et surtout prodi-
gue ; il était grand chasseur, hôte magnifique ; il avait de nom-

(1) Contra Academicos, II, 7.

breux clients, et personne n'osait se faire son ennemi ; partout
enfin dans sa ville, dans sa province, à Rome même, on parlait
de lui comme du plus généreux, du plus élégant et du plus
distingué des hommes.

Voilà quel était, au ıv° siècle, l'homme influent, voilà quel
était Romanien (1).

Déjà sur la pente de sa conversion, et prêt à en atteindre le
sommet, tourmenté cependant et retenu encore dans les liens
d'une passion charnelle, Augustin résolut d'aller consulter un
vieillard vénérable, nommé Simplicien. Il s'y était préparé par
la lecture de l'Ecriture sainte, et surtout par celle de saint
Paul, et cette lecture avait apporté en lui des fruits excellents.
« Elle répandit, dit-il, dans mon âme une lumière qui me fit
voir la philosophie d'une beauté si charmante que, si j'eusse pu
la faire apercevoir, je ne dis pas à vous, Romanien, qui avez
toujours brûlé d'ardeur pour la philosophie, mais à celui-là
même qui vous tourmente pour le procès qu'il vous invente, il
quitterait ses jardins, ses palais, ses festins pour courir après
cette beauté avec des admirations, des ardeurs violentes : il n'y
courrait pas, il y volerait (2). »

Simplicien était le père spirituel de saint Ambroise, c'est-à-
dire qu'il l'avait baptisé, et ce grand prélat l'aimait et l'hono-
rait véritablement comme un père. Augustin lui raconta les
égarements et les agitations de son âme. Il lui dit ensuite qu'il
avait lu les ouvrages des Platoniciens, que Victorin, professeur
de rhétorique à Rome, avait traduits. Simplicien le félicita
beaucoup d'avoir préféré la lecture de ces philosophes spiritua-
listes aux ouvrages de ceux qui croyaient que l'âme est maté-
rielle comme le corps ; et, pour l'exhorter d'une manière plus
efficace, et par un illustre exemple, à entrer enfin dans les

(1) Contra Academicos, I, 2.
(2) Contra Academicos., II, 2.

voies de la vérité chrétienne, il lui raconta comme ce saint vieillard Victorin, qui excellait dans les belles-lettres, qui avait lu tant de livres de philosophie, qui en avait porté des jugements si solides, et les avait éclaircis par les lumières de son esprit, qui était le maître fameux de tant de sénateurs illustres, et, par la réputation que son enseignement lui avait acquise, avait mérité le suprême honneur auquel il pût aspirer ici-bas, qu'on lui élevât une statue sur la place principale de Rome ; il lui raconta, disons-nous, comment, après avoir adoré les idoles et participé à ces mystères sacriléges pour lesquels, à la réserve d'un très-petit nombre de personnes, toute la noblesse et tout le peuple de Rome avaient alors une passion si vive qu'ils mettaient au nombre des dieux l'aboyeur Anubis, Victorin n'avait point eu de honte, dans sa vieillesse, de s'assujettir, comme un enfant, à la discipline de Jésus-Christ, d'être lavé dans les eaux salutaires du baptême, de soumettre sa tête altière à l'humble joug de l'Evangile et d'abaisser son front superbe sous les opprobres de la croix (1).

Victorin lisait avec attention la sainte Ecriture et tous les livres des chrétiens, et s'efforçait, avec un soin extrême, d'en pénétrer l'intelligence. Un jour il vint dire à Simplicien, non, à la vérité, devant le monde, mais en particulier et comme à un ami.

— Sachez maintenant que je suis chrétien.

Mais Simplicien lui répondit :

— Je n'en croirai rien, et ne vous considérerai comme chrétien que lorsque je vous verrai fréquenter l'église de Jésus-Christ.

Victorin se moquait de cette réponse.

— Sont-ce les murailles qui font les chrétiens ? disait-il.

Il craignait en effet de déplaire à ses amis, qui étaient païens

(1) Confess., VIII, 2.

et de plus très influents et en position de lui nuire, s'il encourait leur disgrâce.

« Mais lorsque, ajoute saint Augustin, en lisant et en priant avec ardeur, il se fut rendu plus fort dans la foi, il redouta que Jésus-Christ ne le désavouât en présence de ses saints et de ses anges s'il craignait de le confesser à la vue des hommes, lui qui n'avait pas rougi de révérer publiquement les mystères d'Anubis. Saisi ainsi d'une sainte honte de trahir la vérité, il dit tout-à-coup à Simplicien, au moment où celui-ci y pensait le moins.

— Allons à l'église, car je veux être chrétien.

» Et Simplicien, transporté de joie, l'y accompagna sur l'heure même, et aussitôt qu'il l'eut instruit des principes de notre religion, il donna son nom pour être inscrit avec ceux des personnes qui devaient être régénérés dans l'eau salutaire du baptême. Rome fut remplie d'étonnement, et l'Eglise de joie.

» Lorsque fut venue l'heure de faire la profession de foi que ceux qui doivent être baptisés ont coutume de faire, à Rome, dans certains termes qu'ils apprennent par cœur, et qu'ils récitent d'un lieu élevé, en présence de tous les fidèles, les prêtres proposèrent à Victorin de faire cette action en secret, ainsi que l'on avait coutume de le faire à ceux que l'on jugeait pouvoir être empêchés par une pudeur ou par une timidité excessive. Mais il préféra accomplir cet acte en public, et certes avec grande raison ; car, s'il n'avait pas craint d'enseigner publiquement l'éloquence, dont il ne pouvait tirer aucun fruit pour son âme, ni d'avoir une troupe d'insensés pour témoins de ses discours et de ses paroles, à combien plus forte raison devait-il faire une profession publique de la religion salutaire qu'il embrassait, et ne pas craindre les humbles enfants de l'Eglise lorsqu'il prononcerait la parole de Dieu !

» Lors donc qu'il fut monté au pupitre pour faire sa profession de foi, tous ceux qui le connaissaient, et c'était toute l'assistance, commencèrent à le nommer avec un bruit confus de

réjouissance : on entendit le nom de Victorin sortir comme une
voix sourde, mais joyeuse, de la bouche de tous les assistants.
Il récita le symbole avec une assurance merveilleuse. Tous
les fidèles qui étaient présents eussent voulu comme l'enlever
pour le mettre dans le fond de leur cœur, et ils l'enlevaient en
effet en l'aimant et en se réjouissant de la grâce si particulière
que Dieu lui faisait. Leur joie et leur amour étaient comme les
deux mains, avec lesquelles ils l'embrassaient et l'emportaient,
en quelque sorte, dans eux-mêmes, par une douce et sainte
violence (1). »

« Tandis que Simplicien, votre serviteur, mon Dieu, faisait
ce récit, je me sentais touché d'un ardent désir de l'imiter :
aussi était-ce là le dessein qui l'avait porté à me le faire. Et
lorsqu'il ajouta que, l'empereur Julien ayant publié un édit par
lequel il défendait aux chrétiens d'enseigner les lettres humaines, et particulièrement la rhétorique, Victorin se soumit à
cette loi, et aima mieux abandonner la profession de parler en
public que de manquer de fidélité à votre parole éternelle, qui
rend les langues des enfants éloquentes, il me sembla que, s'é-
tant montré si généreux à cette rencontre, il n'aurait pas,
d'autre part, été moins heureux d'avoir trouvé une occasion
si favorable de ne travailler plus désormais que pour un
seul (2). »

Augustin aussi soupirait après cette liberté de ne penser plus
qu'à Dieu ; mais il se sentait encore attaché, non par des fers
étrangers, mais par sa propre volonté, qui, dit-il, était « plus
dure que le fer. » Il n'avait plus alors l'excuse qui lui faisait
croire auparavant que l'incertitude où il était à l'écart de la
vérité était ce qui l'empêchait de renoncer à tous les intérêts
du monde pour ne penser qu'à servir Dieu. Il avait alors une

(1) Confess. VIII, 2.
(2) Confess., VIII, 5.

connaissance complète de la doctrine chrétienne ; mais il n'avait pas encore le courage de secouer le fardeau du siècle ; il se complaisait même à le porter ; et les efforts qu'il faisait pour s'élever vers Dieu étaient semblables à ceux d'un homme qui, désirant s'éveiller, sent cependant le sommeil l'emporter sur lui, et retombe dans l'assoupissement.

Un jour, un homme de distinction, de l'Afrique, nommé Patitien, et qui était en grand crédit à la cour de l'empereur, vint trouver Alype et Augustin. Ayant aperçu un livre qui était devant eux sur un damier, il le prit, et, l'ayant ouvert, il fut surpris de voir que c'étaient les épîtres de saint Paul ; il s'attendait en effet à trouver un livre de la profession d'Augustin. Il le regarda et sourit en signe de joie : car il était chrétien et fort pieux. Augustin lui ayant avoué qu'il s'occupait avec un très-grand soin de cette lecture, Patitien lui parla d'Antoine, solitaire de la Thébaïde, dont le nom, quelque célèbre qu'il fût déjà, n'était point parvenu aux oreilles du jeune professeur de rhétorique de Milan. Étonné de cette ignorance, Patitien entra dans de grands détails sur la multitude des monastères qui avaient peuplé les déserts de la Thébaïde, sur la sainte manière de vivre des anachorètes, et sur toutes ces circonstances si intéressantes et si nouvelles pour Augustin et son ami, qui non-seulement n'en étaient nullement informés, mais qui ignoraient même que hors des murs de Milan, il y avait une maison pleine de solitaires très-vertueux, qui étaient nourris par saint Ambroise.

Patitien ajouta ensuite que, un jour que l'empereur était à Trèves, et qu'il s'occupait, après dîner, à regarder les jeux qui se faisaient dans le cirque, lui, Patitien, et trois de ses amis allèrent pour se divertir dans des jardins qui étaient près de la ville ; ils se mirent à se promener deux par deux, et tandis que Patitien et son compagnon allaient d'un côté, les deux autres, allant d'un autre côté, entrèrent dans une maison religieuse. Quelques serviteurs de Dieu, pauvres et ignorants, s'y livraient en commun à des exercices de piété. L'un des deux seigneurs, y trouvant sous la main un livre, le prit, et l'ayant ouvert, vit qu'il contenait la vie de saint Antoine. » Il commença à le lire, à l'admirer, à s'échauffer, à méditer en soi-même d'embrasser une pareille vie, de quitter le service de l'empereur, et de ne servir que vous seul, ô mon Dieu. Puis, s'étant senti rempli soudain d'un grand amour divin et d'une sainte confusion, il entra en colère contre lui-même, et, jetant les yeux sur son ami, il lui dit :

— Quel est donc, je vous prie, le but de tant de travaux et de peines ? Que cherchons-nous ? Où doit nous mener l'exercice de nos charges ? Pouvons-nous arriver plus loin, à la cour, qu'à nous faire aimer par l'empereur ? Et en cela même qu'y a-t-il d'assuré, et qui ne soit sujet à une foule de chances fâcheuses ? Bien plus, y arriverons-nous jamais ? tandis que, si je le veux, je puis, dès cette heure, me rendre agréable à Dieu.

» Je vous déclare donc que je renonce pour jamais à toutes nos espérances, et que j'ai résolu de servir Dieu, et de commencer dès ce moment et en ce lieu même, sans aller plus loin : si vous ne voulez me suivre dans ma retraite, au moins n'y faites point obstacle. »

Mais son compagnon était loin de vouloir l'abandonner dans une entreprise aussi sainte. Tous deux étaient fiancés : les jeunes filles qu'ils devaient épouser imitèrent leur résolution, et se consacrèrent à Dieu.

« Voilà, dit saint Augustin, ce que Patitien nous raconta. Mais vous, Seigneur, pendant qu'il me parlait ainsi, vous me rameniez à moi-même. Et parce que j'avais plaisir à m'aveugler, et que j'avais comme mis un bandeau sur mes yeux pour ne point voir, vous me retiriez de cet aveuglement volontaire, et m'exposiez à ma propre vue, afin que je visse combien j'étais laid et difforme. Je le vis et j'en eus horreur... Ainsi, tandis que Patitien nous parlait, je sentais mon cœur se déchirer, et j'étais rempli d'une horrible confusion. Quand il fut parti, je rentrai en moi-même. Que ne me dis-je point contre moi-même ! De

quels aiguillons n'excitai-je point mon âme? Et néanmoins elle
résistait. Elle résistait, et elle ne s'excusait point. Tous ses arguments étaient renversés. Elle n'avait plus de raison à m'allé-
guer. Il ne lui restait qu'une crainte muette : elle redoutait
comme la mort de voir arrêter le cours de ses longues et vi-
cieuses habitudes, qui, en la consumant peu à peu, la faisaient
mourir.

» Dans cette lutte violente de l'homme intérieur, dans ce
combat que je livrais hardiment à mon cœur, le visage troublé,
je saisis Alipe et m'écriai : Où sommes-nous? Qu'est-ce que
cela? Que viens-tu d'entendre? Les ignorants se hâtent et ra-
vissent le ciel, et nous, avec nos sciences sans cœur, nous nous
roulons dans la chair et le sang. Parce qu'ils nous ont précé-
dés, est-il honteux de les suivre? N'est-il pas plus honteux de
n'avoir pas même la force de suivre?

» Je dis encore je ne sais quelles choses semblables, et je
m'élançai loin d'Alype, dans ce mouvement impétueux, tandis qu'il se taisait, me regardant avec surprise; car ce n'était
pas ma voix ordinaire. Mon visage, mes yeux, l'accent de ma
voix, exprimaient mon âme au-delà de mes paroles.

» Il y avait, dans notre demeure, un petit jardin à notre
usage, comme la maison ; car le maître de cette maison n'y
logeait pas. L'agitation de mon âme m'emporta vers ce lieu, où
personne ne pourrait interrompre ce débat violent que j'avais
commencé avec moi-même, et dont vous saviez, ô Dieu! l'issue
que j'ignorais.

» Je m'avançai donc dans ce jardin, et Alype me suivait pas
à pas. Moi, je ne m'étais pas cru seul avec moi-même, tandis
qu'il était là ; et lui, pouvait-il m'abandonner dans le trouble
où il me voyait? Nous nous assîmes dans l'endroit le plus éloigné de la maison ; je frémissais dans mon âme, et je m'indi-
gnais de l'indignation la plus violente contre ma lenteur à fuir
dans cette vie nouvelle, dont j'étais convenu avec Dieu, et où
tout mon être me criait qu'il fallait entrer.

» Telles étaient les faiblesses et les tourments dans lesquels j'étais. Je m'accusais moi-même beaucoup plus aigrement qu'à l'ordinaire, et je me tournais et me roulais dans mes liens, jusqu'à ce que j'en fusse dégagé tout-à-fait, et que les moindres anneaux de cette chaîne, auxquels je tenais un peu, fussent rompus. Vous me pressiez, mon Dieu, dans le fond de mon cœur, par une sévère miséricorde, et vous redoubliez les sentiments de ma confusion et de ma crainte, dont vous vous serviez comme d'aiguillons pour m'aider à sortir de cette malheureuse négligence, en me faisant voir, d'un côté, qu'il était honteux d'y demeurer, et en me faisant craindre de l'autre, que, si je n'achevais de rompre ce qui restait de ma chaîne, elle ne se renouât et ne m'attachât plus fortement que jamais.

» Je me disais en moi-même, dans le plus profond de mon âme : Ne différons pas davantage; convertissons-nous tout-à-l'heure ; et, par ces paroles, je m'avançais dans l'exécution de mon dessein. Je l'accomplissais presque, et néanmoins je ne l'accomplissais pas.

» Les folles vanités, qui étaient mes anciennes amies, me retenaient et me tiraient comme par la robe de ma chair, me disant d'une voix basse :

— Voulez-vous nous abandonner ?

» Je ne les entendais toutefois qu'à demi, non comme s'opposant hardiment à moi, mais comme parlant entre leurs dents derrière moi. Ainsi, quoiqu'elles ne pussent m'arrêter, elles ne laissaient pas que de retarder et de me rendre plus lent à secouer et à rompre entièrement ces chaînes qui m'attachaient encore à elles, pour passer avec vitesse où votre grâce m'appelait. Car cette violente habitude me disait : Pensez-vous pouvoir vivre sans elles ?

» Après qu'une profonde méditation eut tiré des plus secrets replis de mon âme et exposé à la vue de mon esprit toutes mes misères et tous mes égarements, je sentis s'élever dans mon cœur une grande tempête, qui fut suivie d'une pluie de larmes ; et, afin de pouvoir la verser tout entière avec les gémis-

*Afrique.*                                                              3

sements dont elle était accompagnée, je me levai et me séparai
d'Alype, pensant que la solitude serait plus favorable pour
pleurer à mon aise, et je me retirai assez loin à l'écart, afin
de n'être point troublé. Il comprit ma situation. J'avais dit
seulement quelque chose où le son de ma voix semblait déjà
appesanti par mes pleurs ; il s'était levé, et il resta près du
lieu où nous avions été assis ; il était immobile de stupeur.
Moi, je me jetai à terre sous un figuier, je ne sais pourquoi, et
je donnai libre cours à mes larmes ; elles jaillissaient à grands
flots ; comme une offrande agréable pour toi, ô mon Dieu ! et
je t'adressais mille choses, non pas avec ces paroles, mais dans
ce sens : O Seigneur ! jusqu'à quand t'irriteras-tu contre moi ?
Ne te souviens plus de mes anciennes iniquités. Car je sentais
qu'elles me retenaient encore. Je laissais échapper ces mots dignes de pitié : Quand ? quel jour ? Demain ? après-demain ?
Pourquoi pas encore ? pourquoi cette heure n'est-elle pas la fin
de ma honte ?

« Je me disais ces choses, et je pleurais avec amertume dans
la contrition de mon cœur. Voilà que j'entends sortir d'une
maison une voix, comme celle d'un enfant ou d'une jeune fille,
qui chantait et répétait en refrain ces mots :

« Prends, lis ; prends, lis. »

« Changeant aussitôt de visage, je me mis à chercher avec la
plus grande attention si les enfants, dans quelques-uns de
leurs jeux, faisaient usage d'un refrain semblable ; je ne me
souvins pas de l'avoir jamais entendu. J'arrêtai mes larmes et
me levai, ne voyant là qu'un ordre du ciel, qui m'était donné,
d'ouvrir un livre et de lire le premier chapitre que je
trouverais.

« J'avais entendu dire d'Antoine qu'il avait été averti par
une lecture de l'Évangile, au milieu de laquelle il était survenu
tout providentiellement, prenant pour lui les paroles qu'on
lisait :

« *Va, vends tout ce que tu possèdes, donne-le aux pauvres, et
tu auras un trésor dans les cieux.*

- « Cet oracle, ô mon Dieu, l'avait sur-le champ tourné vers toi.

« Ainsi je revins à grands pas au lieu où était assis Alype, car j'y avais laissé le livre de l'apôtre lorsque je m'étais levé. Je le pris, je l'ouvris, et je lus en silence le premier chapitre où tombèrent mes yeux :

« *Ne vivez pas dans les festins, dans l'ivresse, dans les plaisirs et les impudicités, dans la jalousie et la dispute; mais revêtez-vous de Jésus-Christ, et n'ayez pas de prévoyance pour le corps au gré de vos sensualités.* »

» Je ne voulus pas lire au-delà, et il n'en était pas besoin. Aussitôt, en effet, que j'eus achevé cette pensée, comme si une lumière de sécurité se fût répandue sur mon cœur, les ténèbres du doute disparurent.

» Alors, ayant marqué le passage du doigt ou par quelque autre signe, je fermai le livre et le fis voir à Alype (1). Vous agissiez en même temps dans son cœur. Il désira voir ce que j'avais lu : je le lui montrai, et il lut ce passage, et ce qui suit, à quoi je n'avais pas pris garde : « *Assistez celui qui est faible dans la foi.* » Il prit ces paroles pour lui, et me le déclara aussitôt. Il se sentit fortifié par cette exhortation du Saint-Esprit, et, sans hésiter ni retarder, il se joignit à moi par une bonne et sainte résolution. »

Ils allèrent sans tarder annoncer en détail leur heureuse con-

_____

(1) Voir Confess., VIII, 6-12. M. Villemain, à la plume élégante de qui a été empruntée la traduction d'une partie du morceau précédent, fait sur ce récit les réflexions suivantes, aussi justes que bien dites : « Augustin retrace toute cette tragédie avec une profondeur et une naïveté d'émotion bien rares dans l'antiquité. Nulle part on ne voit mieux ce caractère de réflexion et de tristesse que le culte chrétien développait dans l'homme. Il semble qu'on n'avait jamais ainsi raconté l'histoire anecdotique de l'âme, en surprenant ses plus vagues désirs, ses plus furtives émotions.

version à sainte Monique, mère d'Augustin : ils n'eussent pu lui porter une autre nouvelle qui lui eût causé autant de joie que celle de la conversion de son fils.

Cette conversion a d'ailleurs paru à l'Eglise un événement si considérable, tant parce qu'elle y a vu un miracle de la grâce qu'à cause des grands avantages qu'elle a tirés de la gloire et des ouvrages de saint Augustin, qu'elle a cru devoir en célébrer le jour, honneur qu'elle n'a accordé qu'à ce Père et à l'apôtre saint Paul. La fête de la conversion de saint Augustin fut fixé au 5 mai. On est pas très-bien fixé sur la date précise de cet événement ; on sait seulement, par la comparaison d'un certain nombre de passages des œuvres du saint, que sa conversion eut lieu vingt jours avant les vendanges, l'année 386 ou 387 (1).

Ce pieux élan, cette éloquente extase qui animèrent Augustin dans l'acte de sa conversion, expliquent assez quelle force d'imagination il devait porter dans sa foi nouvelle; cependant il montra beaucoup de calme pour exécuter son projet de quitter le monde : quoique souffrant de la poitrine, il attendit les vacances de l'école de Milan, et alors ayant averti les principaux citoyens de lui chercher un successeur, il se retira dans une maison de campagne avec sa mère, son fils Adéodat, son frère Navige, Lastidien et Rustique, ses amis Alype et Nébride, et deux jeunes élèves, Trigèce et Licent, dont il voulait surveiller les études. La méditation, la promenade et les entretiens de philosophie religieuse occupaient cette petite société (2). Un des amis de saint Augustin, nommé Véréconde, avait mis à sa disposition une de ses maisons de campagne, qui portait le nom de Cassiaque, et était située dans une vallée au pied des Alpes. Ce

---

(1) Confess., IX, 2, 4. — I, 1 ; III, 20. — Retractationes, I, 1. — Beata vita, 1. — De Ordine, I, 2. — Solil., 10, 1, etc.

(2) M. Villemain. — Confess., IX, 4.

fut là qu'il se retira. Il fit connaître sa résolution à saint Ambroise, et lui demanda des conseils pour la direction de sa conduite à venir et de ses études. Le vénérable pontife, ravi de cette bonne nouvelle, l'en félicita vivement; il l'engagea de s'adonner à l'étude attentive de l'Ecriture sainte, et particulièrement à celle du prophète Isaïe. Augustin suivit ce conseil; mais il crut s'apercevoir que son âme n'était pas encore mûre pour la lecture du plus sublime des prophètes, et il l'ajourna jusqu'au jour où il s'y serait préparé par une connaissance plus approfondie de la religion.

Il a déjà été question précédemment de la plupart des personnes qui suivirent saint Augustin dans sa retraite de Cassiaque. Quelques autres exigent une courte mention.

Trigèce était un des condisciples d'Augustin : jeune encore, mais déjà las de la vanité des sciences, il était allé les oublier dans la vie agitée des camps. Bientôt il quitta les camps pour retourner à l'étude, et, plein d'une nouvelle ardeur, il s'appliqua à l'histoire, qu'il aimait comme s'il eût déjà été vieux.

Licent était fils de Romanien, qui, ainsi qu'on a pu le voir ci-dessus, le confia à Augustin, pour qu'il fût à la fois son père, son précepteur et son ami. Augustin s'était chargé avec empressement de l'éducation de ce jeune homme, croyant ne pouvoir mieux témoigner sa reconnaissance à Romanien qu'en conduisant son fils dans les voies de la sagesse (1). Mais le goût de la poésie retenait Licent dans les liens du paganisme : ce goût était devenu une passion pour lui; il se levait souvent de table avant la fin du repas, pour aller faire des vers. Il ne mangeait pas, il ne buvait pas, et dormait encore moins, sans cesse préoccupé de poésie, et poussant l'enthousiasme jusqu'à chanter des chœurs de Sophocle et d'Eurypide, quoiqu'il ne comprît pas le grec (2). La poésie était la grande affaire dans la vie de

---

(1) Academ., II.
(2) De Ordine.

Licent; son affection pour Augustin venait ensuite. Quant à la religion, s'il faut en croire ses écrits, il n'y songeait guère que parce que saint Augustin appelait sans cesse son attention sur ce grave sujet. L'hésitation de Licent à embrasser la foi chrétienne affligeait profondément saint Augustin; et pourtant cette hésitation durait encore dix ans plus tard. Licent n'avait proprement aucune croyance : il n'était ni païen, ni chrétien, ni philosophe; et, bien qu'il fût las de son incrédulité, il n'avait pas la force d'arriver jusqu'à la foi. Il est vrai que son incertitude ne le tourmentait pas beaucoup; et, s'il s'en plaignait, elle ne lui inspirait qu'une allégorie (1).

---

(1) Cede mihi, ô docte, malis vereque dolori,
　　Quod sine te nullas promittunt carbasa portus,
　　Erramusque procul turbati per æquora vitæ,
　　Præcipites densâ veluti caligine nautæ,
　　Quos furor australis, stridens et flatus ab Euro
　　Percutit, etc.

Crois, ô docte, à mes maux et à ma douleur réelle ; sans toi mes voiles ne me promettent aucun port, et nous errons sur les mers agitées de la vie, comme des nautonniers entraînés par une autre tempête, que la fureur du vent du sud et le souffle sifflant de l'Eurus a secoués, etc.

　　Sic me ventus agit, volvuntque cupidinis æstus
　　In mare lethiferum.

C'est ainsi que le vent m'agite, et que les traits de la passion me roulent vers une mer mortelle.

« Par la pensée, dit un critique célèbre, M. de Saint-Marc-Girardin, et par l'expression, à la fois abstraite et métaphorique, ces vers de Licent ressemblent à beaucoup de vers de nos jours. »

En voici d'autres du même auteur, et que l'on dirait sortis de la plume de Claudien. Licent se plaint de la distance qui le sépare de saint Augustin.

　　Nos iter immensum disterminat, et plaga ponti
　　Interfusa coercet : amor contemnit utramque,

Saint-Augustin, dans sa retraite de Cassiaque, menait avec ses disciples cette vie en commun dont ils nourrissaient depuis si longtemps et avaient déjà une fois, mais sans résultat, ébauché le projet. Le matin on s'occupait des soins domestiques, de l'exploitation de la ferme et de la correspondance. Puis, quand le ciel était beau et que sa sérénité invitait à la promenade, on sortait, on allait s'asseoir sous un arbre de prédilection, dans une verte et fraîche prairie. Si le temps ne permettait pas de sortir, on se réunissait sous un portique ou dans des bains. Ces heures, dont le souvenir ne s'effaça jamais de la mémoire de saint Augustin et de ses disciples, ces heures étaient consacrées à des entretiens graves et doux à la fois sur la philosophie ancienne et sur son impuissance à dissiper les doutes de l'esprit humain, sur le bonheur, sur la Providence. Parfois, pour tempérer la gravité de l'entretien, on l'interrompait un moment et on lisait un demi-livre de Virgile (*dimidium volumen Virgilii audire*), charmante préoccupation que saint Augustin ne se reprochait pas encore.

Rien n'était aimable comme ces entretiens, pleins du calme et de la fermeté d'esprit que donnait à saint Augustin la foi chrétienne, qu'il venait d'embrasser; pleins aussi du calme des champs et de la sérénité du ciel. « Nous sortîmes, dit-il; le jour était si doux et si pur qu'il semblait fait, en vérité, pour épurer et éclairer nos âmes. » Ainsi tout s'accordait pour enchanter

---

Gaudia qui spernens oculorum, semper amico
Absenti fruitur; quoniam de corde profundo
Pendet, et internæ rimatur pabula fibræ.

Un chemin immense nous sépare, et la plaine de la mer répandue entre nous nous arrête : l'amour méprise l'un et l'autre. Celui qui méprise les joies des yeux, toujours de son ami absent il jouit, puisque c'est au fond de son cœur qu'il porte son ami, et qu'il en nourrit ses fibres les plus intimes.

saint Augustin : l'enthousiasme de sa foi nouvelle, la beauté
des lieux, la douceur de ces journées passées à s'entretenir
avec ses amis et ses disciples, ces repas où régnait la frugalité,
presque plutôt finis que commencés, afin de reprendre l'entretien; ces promenades que l'hive  même n'interrompait pas,
grâce à la douceur du climat; ces bains où, comme partout
chez les anciens, il y avait des portiques pour servir à la promenade et à la conversation, et où saint Augustin et ses amis
allaient chercher un abri les jours de pluie; ces études consacrées avec Trigère et Licent à la littérature ancienne : tout cela
faisait à saint Augustin et à ses amis la vie la plus douce et la
plus heureuse qu'ils pussent imaginer. Aussi, dix ans après,
Licent, se souvenant encore avec amour de Cassiaque, s'é-
criait-il dans une épitre, et dans des vers qui rappellent
ceux que Politien adressait, quelques siècles plus tard, à
Laurent de Médicis (1) :

« Oh ! pourquoi l'Aurore ne peut-elle pas nous ramener sur
son char plein de joie ces belles heures passées dans la liberté
des gens de bien et dans le loisir de l'étude, au milieu de l'Italie
et au sein des montagnes (2) ?

Les ouvrages que saint Augustin composa dans cette heureuse
retraite se ressentent plus que tous les autres du commerce de
l'antiquité. Ce sont, pour la plupart, des dialogues où l'on
retrouve une grâce et une douceur toutes particulières, et
pleines de réminiscence des dialogues de Platon et de Cicéron.

---

(1) Voir le tableau du siècle de Léon X, p. 182

    (2) O mihi transactos revocet si pristina soles
       Laetificis aurora rotis, quos libera tecum
       Otia tentantes et candida jura bonorum,
       Duximus Italiae medio montesque per altos.

Voir, sur cette question, l'ouvrage déjà cité de M. de Saint-Marc-Girardin.

Saint Augustin n'avait point encore renoncé aux lettres profanes; et s'il méditait assidûment saint Paul, il étudiait aussi
avec ses élèves Cicéron et Virgile, et, dit le critique cité plus
haut, « la contemplation de ces belles formes de l'éloquence
et de la poésie latines donnait à sa phrase un charme et une
élégance qu'il n'a pas toujours retrouvés. « Ils lisaient l'Hortensius de Cicéron, que nous avons perdu, et qui est le livre
qui avait le plus aidé Trigèce et Licent à revenir à la philosophie. Ils lisaient surtout Virgile, que saint Augustin avait
tant aimé et qu'il aimait encore. » Nous avons passé toute
la journée, dit-il une fois (1), soit à nous occuper des affaires de la campagne, soit à faire la récension du premier livre
de Virgile. »

Et ailleurs (2) : « Nous nous sommes reposés pendant sept
jours de nos discussions, et nous n'avons fait que recenser trois
livres de Virgile. »

Ils citaient sans cesse Virgile dans leurs pieux entretiens,
et, en ce temps, saint Augustin allait jusqu'à appliquer
à des œuvres chrétiennes les invocations païennes de son poète
favori.

> Sic Pater ille deûm faciat, sic altus Apollo
> Incipiat ! etc.

Qu'ainsi fasse le Père des dieux, qu'ainsi commence le grand Apollon.
oui, c'est Apollon qui nous conduira, si nous savons le suivre ; c'est lui
qui nous servira d'auspice, c'est lui qui inspirera nos âmes : non pas
cet Apollon caché dans les antres des montagnes ou des forêts, et qui,
excité par la fumée de l'encens et par l'égorgement des victimes, parle
par des bouches insensées ; non, un autre Apollon, croyez-moi, l'Apollon
vraiment grand et vraiment saint, ou plutôt la Vérité elle-même, la Vérité dont les interprètes sont tous ceux qui aiment et suivent la sagesse (3).

---

(1) Academ.
(1) Academ.
3) De Ordine, initio.

Ne dirait-on pas lire une page d'un des lettrés demi-païens de l'Italie au xv<sup>e</sup> siècle ?

Saint Augustin ne se levait point avant le jour à Cassiaque, mais il veillait fort avant dans la nuit, profitant du calme qui règne alors dans la nature pour se livrer à ses méditations. Il travaillait du reste beaucoup, et plusieurs ouvrages sortirent de sa plume pendant ce temps. Il commença et écrivit presque simultanément ceux qui sont intitulés : *Contre les Académiciens ; De l'Ordre ; De la Vie bienheureuse.*

Le premier est divisé en trois dialogues ; les interlocuteurs en sont Licent, Trigèce, Alype et saint Augustin. Licent d'abord et ensuite Alype y soutiennent, contre Trigèce et saint Augustin, la doctrine des Académiciens. Cette doctrine consiste à enseigner que l'esprit humain est incapable d'arriver à aucune certitude. Saint Augustin réfuta avec une telle force, dans l'entretien dont ce dialogue n'est que la reproduction, les raisons qui lui furent données par Licent et Alype qu'ils se confessèrent vaincus et se rangèrent de l'avis du Saint.

Le livre *de la Vie bienheureuse* n'est, comme ceux qui ont été cités un peu plus haut, que la reproduction de conférences qui eurent lieu entre les hôtes de la retraite de Cassiaque. Il est dédié à Manlius Theodorus, qu'il avait connu à Milan, et qui devint consul quelques années après. Le sujet de ce livre, c'est la recherche de ce qui constitue le bonheur. Diverses solutions sont proposées par les interlocuteurs : sainte Monique, qui assistait à la conférence, met un terme à leurs hésitations en disant que ceux-là seuls sont heureux qui ont ce qu'ils souhaitent, pourvu que ce qu'ils souhaitent soit bon ; et saint Augustin, approuvant et adoptant cette définition, la développe et fait voir que l'on ne saurait être heureux qu'en possédant un bien permanent, et qu'il n'y a que Dieu qui soit ce bien ; qu'ainsi le bonheur se trouve dans la connaissance et la possession de Dieu, et que ce devait être là le but de tous les efforts des hommes.

Dans les deux livres intitulés *de l'Ordre*, saint Augustin

aborde et traite la question de la Providence. Après des dé-'
veloppements fort remarquables sur cette question, mêlées
de quelques digressions, il l'envisage sous le point de vue
moral et termine par un tableau des qualités que les jeunes
gens doivent chercher à acquérir et des défauts qu'ils doivent éviter, et leur donne des conseils pour la direction de
leurs études.

Ces trois ouvrages ont cela de commun qu'ils se ressentent
non-seulement des études et des préoccupations auxquelles
l'auteur était livré à l'époque où il les écrivit, mais encore de
la manière dont ils ont été composés : ce sont des reproductions
fidèles de conversations ; ils ont tous les caractères : la va-
riété, le piquant, l'esprit, le naturel, mais aussi les fréquentes
digressions ; les longs préambules et la diffusion.

Du reste, la vive ardeur des plus jeunes interlocuteurs,
cet emportement de leur âge, qui contraste avec la gravité
de leurs études, les petits incidents de la dispute et les
mouvements de l'amour-propre, tout est rendu avec une grâce
infinie.

*Les Soliloques*, qui furent composés vers la même époque,
sont un livre d'un tout autre genre : c'est encore un dialog-
gue, mais un dialogue entre saint Augustin et la Raison. Il
interroge celle-ci sur divers sujets très-graves, mais qui tous
se rattachent, en manière d'épisodes, à ces deux grandes
questions : Qu'est-ce que Dieu ! qu'est-ce que l'âme ? Jamais
on ne réunit tant de fine dialectique et de sensibilité rêveuse,.
le tour subtil de l'imagination africaine s'y mêle à une sorte de
curiosité naïve.

— *Je veux*, dit saint Augustin, *savoir Dieu et l'âme.*

— *Ne veux-tu rien savoir de plus ?* lui répond la Raison.

Toutefois le génie du philosophe africain jette quelques traits
de lumière sur ces grandes questions ; il y a quelque chose de
sublime dans la manière dont il prouve l'immortalité de l'âme
par la nature immortelle de la vérité, dont notre âme est le

sanctuaire et le juge (1). Dans un endroit fort remarquable aussi, et qui caractérise parfaitement sa manière dans le dialogue, il cherche quels sont les rapports de la vie et de la science avec le bonheur :

LA RAISON.

— Que préfères-tu savoir d'abord ?

SAINT AUGUSTIN.

— Si je suis immortel.

LA RAISON.

— Tu aimes donc la vie ?

AUGUSTIN.

— Je l'avoue.

LA RAISON.

— Si tu viens à savoir que tu es immortel, seras-tu satisfait ?

SAINT AUGUSTIN.

— Ce sera beaucoup sans doute, mais cependant ce sera peu pour moi.

LA RAISON.

— Mais enfin ce peu, si tu le possèdes, t'en réjouiras-tu ?

_____

(1) M. Villemain Mélanges.

**SAINT AUGUSTIN**

— Beaucoup.

**LA RAISON.**

— Tu ne pleureras plus ?

**SAINT AUGUSTIN.**

— Plus du tout.

**LA RAISON.**

— Et pourtant, s'il se trouvait que la vie est telle qu'il ne te soit pas donné d'y connaître plus que tu n'y connais, t'abstiendras-tu de verser des larmes ?

**SAINT AUGUSTIN.**

— Au contraire, je pleurerai comme si la vie n'était rien.

**LA RAISON.**

— Ce n'est donc pas pour la vie que tu aimes la vie, mais pour la science ?

**SAINT AUGUSTIN.**

— J'en conviens.

**LA RAISON.**

— Que serait-ce donc si précisément la science rendait malheureux ?

**SAINT AUGUSTIN.**

— Cela ne saurait être. S'il en était ainsi, personne ne pour rait être heureux. La seule source de mon malheur actuel c'est mon ignorance : si la science rendait malheureux, notre malheur serait donc éternel.

LA RAISON.

— Je vois enfin ce que tu désires. Comme tu crois que la science ne peut rendre personne malheureux, parce qu'il est probable que c'est l'intelligence qui rend heureux, et que personne n'est heureux s'il ne voit, et qu'on ne peut voir sans exister, tu veux exister, vivre et savoir; mais exister pour vivre, et vivre pour savoir (1).

Après avoir passé l'année 386 à Cassiaque, saint Augustin, voyant approcher le moment où il devait se faire inscrire au nombre de ceux qui devaient recevoir le baptême, quitta sa retraite et revint à Milan avec son fils Adéodat. Dans le temps qui s'écoula avant qu'il ne reçût ce sacrement, il composa plusieurs ouvrages.

Le premier est un traité de l'*Immortalité de l'âme* : c'est une suite aux *Soliloques*. Cet ouvrage ayant été publié malgré l'auteur, et avant qu'il n'y eût mis la dernière main, est tellement concis et obscur que, quelques années après, saint Augustin avait peine à le comprendre (2).

Il reçut le baptême pendant les fêtes de Pâques, dans la nuit du 24 au 25 avril de l'an 387. Aussitôt qu'il l'eut reçu, les remords et les souvenirs pénibles de sa vie passée s'évanouirent. Dès-lors il renonça plus que jamais à toutes les vues du monde; et, résolus de mener désormais une vie aussi parfaite qu'ils le pourraient, ses amis et lui songèrent à chercher un lieu propre à l'exécution de ce dessein. Ils partirent donc pour l'Afrique; mais, lorsqu'ils furent arrivés à Ostie, et tandis

---

(1) Soliloques, Liv. II. ch. 1.
(2) Voir le Livre des Rétractations, I, 5.

qu'ils attendaient le départ d'un vaisseau, sainte Monique tomba malade, et, malgré tous les soins que son fils lui prodigua avec la plus tendre sollicitude, elle expira dans ses bras, après neuf jours de souffrances.

Saint Augustin puisa dans la religion la force et la résignation nécessaires pour ne point succomber à la douleur que lui causa cette perte. Soit que ce malheur eût modifié ses projets, soit pour tout autre motif, il ajourna son voyage en Afrique et retourna à Rome, où il passa quelque temps, et composa plusieurs ouvrages.

Deux de ces ouvrages roulent sur le manichéisme, dont il se félicitait d'être enfin sorti après y avoir erré si longtemps, et qu'il attaquait maintenant et réfutait, après l'avoir défendu. Ces livres sont intitulés : *Des Mœurs de l'Église catholique et des Manichéens.*

Le livre *De la Grandeur de l'âme* est de la même époque. C'est un dialogue entre saint Augustin et Évode, un de ses disciples. Il y fait voir que l'âme n'est point comme les corps, dont on peut apprécier la quantité et l'étendue, et qu'elle est d'une tout autre nature.

De grands événements politiques s'accomplissaient vers ce temps. Maxime, qui avait usurpé l'empire sur Gratien (383), et qui avait chassé le jeune Valentinien de l'Occident (387), recevait enfin le juste châtiment de ses crimes : il était vaincu par Théodose et périssait dans la bataille (388).

Voulant sans doute fuir les troubles qu'il pensait que ces événements causeraient dans Rome, Augustin quitta cette ville et gagna enfin l'Afrique.

Il n'y avait que peu de temps qu'il y était arrivé lorsqu'un miracle s'opéra sous ses yeux, sinon par l'effet de ses prières (1). Il avait, ainsi qu'Alype et Adéodat, reçu l'hospita-

_____

(1) Cité de Dieu, XXII, 8.

lité chez un habitant de Carthage, nommé Innocent, qui souffrait beaucoup de plusieurs plaies fort incommodes. Il avait dû
subir des opérations cruelles pour se délivrer de cette maladie.
Une seule plaie restait ; mais le malade était tellement fatigué et
effrayé par les opérations précédentes qu'il se refusa longtemps
à en subir une nouvelle et dernière. Vaincu enfin par la douleur, il s'y résigna. La veille du jour où il devait la subir, ses
amis entourèrent son lit pour le consoler, le fortifier et l'exhorter à avoir confiance en Dieu. Ils se mirent ensuite tous en
prières, le front prosterné sur la terre. Innocent priait avec
eux, mais avec une ardeur, des transports et des gémissements
qui agitaient tout son corps et lui ôtaient presque la respira-
tion. « Je ne sais, dit saint Augustin, si les autres priaient, et
si ce spectacle ne les en détournait point ; pour moi, je ne pouvais le faire, et je disais seulement en moi-même : Seigneur,
quelles prières de vos serviteurs exaucerez-vous si vous n'exau-
cez celles-ci ? » Le lendemain, tous ses amis étant présents, le
malade se livre aux chirurgiens. On tire les redoutables
instruments, on place le patient, on délie le bandages, on découvre la plaie, et le chirurgien, tenant le couteau à la main,
s'approche, regarde, cherche la plaie qu'il devait opérer, et ne
trouve qu'une cicatrice toute fermée.

Peu après cet événement, saint Augustin réalisa le projet qu'il
avait formé, dès son baptême, de se retirer avec ses amis dans
les terres qu'il avait près de Tagaste, et d'y demeurer loin des
soins du siècle, vivant pour Dieu, s'exerçant aux jeûnes, à la
prière, aux bonnes œuvres, méditant jour et nuit la loi de
Dieu, et pratiquant, autant qu'il le pouvait, la vie des solitaires
d'Egypte, qu'il avait tant louée dans son livre *Des mœurs de
l'Eglise*. Personne, dans la société qu'il fonda ainsi, ne devait
avoir rien en propre : à cet effet, il fit don à sa communauté de
la terre sur laquelle il l'avait établie ; quant à ses autres biens,
il les vendit et en donna l'argent aux pauvres.

Il avait espéré que dans ce genre de vie il trouverait le repos
et le loisir nécessaires pour s'occuper exclusivement de son

salut; mais son espérance fut déçue. A peine fut-il fixé dans son monastère, aux portes mêmes de Tagaste, qu'il se vit obsédé de personnes qui venaient lui demander conseil pour la direction de leurs affaires ou de leur conduite. Ses amis l'obligeaient d'ailleurs d'entretenir avec eux une vaste correspondance, et lui demandaient aussi ses conseils, ou lui posaient des questions sur des matières de foi et de philosophie qu'ils désiraient qu'il éclaircît et résolût. Sa bonté naturelle ne lui permettait point de repousser de telles sollicitations, quoiqu'il lui coûtât beaucoup de se voir troublé dans sa retraite.

Il instruisait donc, selon les paroles de son biographe (1), les présents par ses discours et ses avis, les absents par ses lettres et ses ouvrages. Il composa, dans ce temps, un commentaire en deux livres sur la Genèse, pour défendre cet admirable ouvrage contre les attaques calomnieuses que les manichéens dirigeaient alors contre lui.

Ce commentaire marque une ère nouvelle dans les écrits de saint Augustin : quelques personnes lui avaient fait observer que, dans ses premiers ouvrages contre les manichéens, il ne s'était pas mis suffisamment à la portée du vulgaire, et ne s'était guère adressé qu'aux gens instruits, ce qui empêchait que ses ouvrages ne produisissent tout le fruit qu'il en eût pu espérer. Saint Augustin, reconnaissant avec modestie la justesse de cette observation, annonce, dans la préface de ce *Commentaire sur la Genèse*, que désormais, dans les ouvrages de ce genre, il s'appliquera, non à écrire d'un style orné et relevé, mais de manière à se rendre accessible à toutes les intelligences. Ce commentaire est en effet écrit avec une rare clarté : aussi Cassiodore dit-il avec raison que saint Augustin y explique son texte avec tant de soin et d'exactitude qu'il n'y laisse presque rien d'obscur.

---

(1) Possidius, Vie de saint Augustin, 3.

C'est ainsi, ajoute le secrétaire de Théodoric, que les hérétiques nous ont rendu un grand service sans le vouloir, puisque la nécessité de repousser leurs attaques a fait étudier et
approfondir tant de questions importantes qui, sans cette circonstance, n'eussent peut-être pas été l'objet de la même sollicitude (1).

On peut leur appliquer ce mot d'un penseur moderne : » Les
sceptiques sont comme des hommes occupés à examiner l'édifice
des connaissances humaines et à faire des trous dans les endroits
faibles ; cependant on répare la brèche, et l'édifice entier en
acquiert beaucoup plus de solidité qu'il en avait auparavant. »
(Le docteur Reid.)

Pendant son séjour à Milan, saint Augustin commença divers
ouvrages sur des sujets profanes; mais il ne les acheva
qu'après son retour en Afrique, en 389. Tels sont ceux
*De la Musique et Du Maître*. Ils sont encore en forme de dialogue, comme les Académiques. L'ouvrage sur la *Musique* est un
dialogue en six livres, entre saint Augustin et Licent. Les cinq
premiers livres, qui sont fort obscurs, traitent avec détail de
la prosodie et de la musique; mais ils sont résumés dans le
sixième, où le saint, sortant des détails techniques, s'élève aux
plus hautes considérations sur la mission de l'art, et, en particulier, de la poésie et de la musique. Ce livre, plein de souvenirs de Platon et des Alexandrins, est sans contredit l'un des
ouvrages les plus remarquables de saint Augustin. Lui-même
le donne pour tel dans la revue qu'il a fait de ses œuvres
(*Libri Retractationum*). Il y fait voir « comment des nombres
corporels ou spirituels, mais sujets au changement, on parvient aux nombres immuables, qui ne se trouvent que
dans la vérité immuable : c'est ainsi que, au moyen des

(1) Cassiodore, de Institutione Scripturam, C. 1.

choses visibles, nous arrivons à la connaissance des choses invisibles (1). »

La psychologie moderne la plus délicate n'a rien à ajouter aux détails dans lesquels saint Augustin entre, dans ce sixième livre, sur la nature de la perception du son.

« La sensation du son, dit-il, est passagère comme le sillon du vaisseau sur la mer ; mais la faculté qui le perçoit et le juge est permanente et identique. Au son correspond la faculté de le percevoir ; à celle-ci, la faculté de le juger selon qu'il est juste ou non. Le son est ou émis par la bouche, ou simplement pensé : sous ces deux formes, il est susceptible des mêmes mesures, et suppose également la mémoire. Quand nous éprouvons une sensation, ce n'est pas précisément l'âme qui sent, mais c'est elle qui prête son attention aux actions que subit le corps et qui les juge.

» Nos connaissances ne sont pas le produit des perceptions externes ; elles nous viennent à l'occasion de celles-ci. Il faut distinguer dans l'origine de nos idées la cause occasionnelle de la cause efficiente : la cause occasionnelle, c'est la perception ; la cause efficiente, c'est la force naturelle qu'a notre âme de concevoir une idée donnée à l'occasion d'une certaine perception.

» Les passions détournent l'âme de la contemplation des choses éternelles ; l'amour des beautés périssables la souille.

» Quatre vertus fondamentales (les mêmes qu'avait déjà distinguées Platon) : la tempérance, le courage, la justice et la prudence. La tempérance nous détache des choses de ce monde, et nous met en état de pouvoir résister aux puissances aériennes, jalouses de notre bonheur (potestatibus aeris huju). Le courage nous fait braver, en vue du salut, les adversités et la

_____

(1) Lib. Retract., I, 11.

mort. La justice nous apprend à ne servir et à n'adorer que Dieu. La prudence nous apprend d'abord à distinguer les intérêts de la terre de ceux du ciel, et ensuite à ne nous occuper de ceux-là qu'en vue de ceux-ci. »

Dans le livre *Du Maître*, qui est, en majeure partie, l'œuvre d'Adéodat, saint Augustin traite du sens des mots, qu'il envisage sous un point de vue théologique et mystique.

Sa plume ne se lassait point de produire, pour ainsi dire, chaque jour de nouveaux ouvrages : c'est ainsi qu'après avoir mis la dernière main à ceux que nous venons d'analyser succinctement, il commença le *Livre du Libre Arbitre*, et écrivit celui de la *Vraie Religion*.

Celui-ci est le dernier qu'il écrivit avant de recevoir la prêtrise, il est de l'an 390. Il s'attache à y mettre dans tout leur jour l'excellence de la vraie religion et les devoirs qu'elle impose. « La religion, dit-il, est la seule chose qui puisse nous conduire au bonheur. On ne saurait douter que le christianisme ne soit la vraie religion : Platon même l'eût reconnu pour tel s'il avait vu les enseignements les plus sublimes de sa philosophie prêchés par toute la terre, embrassés et suivis par une infinité de toute condition. » Après avoir donné les caractères qui distinguent l'une de l'autre l'erreur de la vérité, les fausses religions de la vraie, il indique les fondements de celle-ci, savoir : l'histoire et les prophéties. Il en parcourt ensuite les principaux dogmes, et termine par des considérations intéressantes sur la morale, et par une exhortation qu'il fait à tous les hommes d'embrasser et de suivre la véritable religion.

C'est à l'époque où saint Augustin publia cet ouvrage qu'appartient sa correspondance avec le philosophe Maxime.

Il s'était formé des débris confus des anciennes croyances du paganisme et des systèmes philosophiques une sorte de paganisme philosophique, qui suffisait aux esprits de peu d'ardeur et d'élévation : c'était le paganisme de Julien-l'Apostat, celui dont ce prince, nourri des doctrines mystiques de l'école d'Alexandrie, avait essayé en vain de faire la religion officielle

de l'empire. Mais la vie s'était depuis longtemps retirée du
corps de l'antique paganisme, et la tentative de Julien n'aboutit
qu'à une espèce d'action galvanique, appliquée à un cadavre.
qu'elle ne redressa et n'agita un instant de mouvements con-
vulsifs que pour le laisser retomber ensuite dans une mort
plus profonde.

Le paganisme philosophique ne pouvait d'ailleurs convenir
au peuple, dont il ne satisfaisait point l'imagination avide de
représentations sensibles. Aussi celui-ci était-il resté fidèle au
vieux paganisme et aux dieux de la mythologie

Quant au premier, fait pour le beau monde, pour les savants
et les penseurs, il en avait les défauts : il était aristocratique,
dédaigneux, froid, sec et moqueur ; il se moquait volontiers
de Jupiter, de Mars et de Vulcain, et des contes de la mythologie.
Il employait les mêmes armes dans sa lutte contre le christianisme, et tournait en ridicule les noms grossiers de quelques
martyrs sortis du peuple.

C'est ainsi que le philosophe Maxime raillait saint Augustin
sur les martyrs Mygdon, Sanaé et Namphanion, dont les noms
avaient un sens grotesque dans la langue punique.

« Idoles pour idoles, disait-il, si les chrétiens adorent les
tombeaux de ses martyrs, j'aime mieux adorer les idoles de la
Grèce. »

ais faisant succéder aux sarcasmes de l'homme du monde
les raisonnements du philosophe : « Oui, dit-il, le forum de
Madaure est rempli des images de nos dieux, et j'approuve cet
usage; mais ne croyez pas qu'il y ait personne d'assez fou
pour ne pas comprendre qu'il n'y ait qu'un Dieu suprême, qui
n'a ni origine ni descendance, unique et inépuisable créateur
de la nature entière. Nous adorons, sous les noms des dieux
divers, ses vertus répandues dans l'univers pour l'entretenir et
le conserver, car nous ignorons tous le vrai nom qui lui appartient; et c'est ainsi qu'en offrant un hommage différent aux

différents attributs de la divinité, l'homme parvient à l'adorer tout entière (1). »

On voit quels emprunts le paganisme avait faits à la doctrine chrétienne : quels progrès son contact avec cette doctrine lui avait fait opérer ; quelles idées elle y avait introduites ; combien Maxime et sa religion sont loin des théogonies d'Hésiode et de Varron. Honteux des fables immorales dont il avait bercé l'humanité pendant des siècles, le paganisme, en présence de la lumière éclatante que le christianisme avait fait pénétrer jusque dans les plus faibles intelligences, le paganisme sentit qu'il ne pouvait lutter contre la nouvelle doctrine qu'à la condition de se transformer. Ainsi fit-il ; ce qu'il y avait de plus gracieux dans ces récits mythologiques, il l'allia, comme il put, avec ce qu'il y a de plus général dans la doctrine chrétienne : du tout il forma une sorte de religion de convention, mélange bizarre et incohérent des idées les plus diverses, mais dont le fond était un panthéisme plus ou moins dissimulé.

Il n'y avait pas d'ailleurs que les philosophes qui eussent fait de ces emprunts et de ces tentatives, les prêtres des faux dieux eux-mêmes avaient adopté la même voie. Dans leurs polémiques contre les chrétiens, ils s'efforcent de prouver qu'au fond toutes les religions sont identiques, et conséquemment également bonnes ; que toutes peuvent conduire à Dieu. Ils cherchent encore à faire voir que les différences entre le paganisme et le christianisme ne sont pas aussi profondes que les chrétiens le prétendent : ils glissent en passant sur ces différences, et insistent surtout sur les analogies. Ecoutons à ce sujet un prêtre païen, Longinien.

Sa correspondance avec saint Augustin est de dix ans postérieure à celle du philosophe Maxime : Dans ces dix ans, le christianisme avait fait des progrès énormes, tandis que le

(1) Lettre 16.

paganisme était au bord de la tombe. Il se mourait, et son agonie était pénible : il était interdit. Aussi la lettre de Longinien n'a-t-elle rien du ton de liberté et de hardiesse de celle de Maxime. Elle est triste et touchante : Longinien était vieux, et il voyait mourir avec lui le culte dont il était le prêtre (1).

« Vous voulez que je vous dise, écrit-il à saint Augustin, quelle est, selon moi, la route qui conduit le plus sûrement à Dieu ; écoutez donc ce que m'ont enseigné nos Pères : la piété et la justice, la pureté et l'innocence, la vérité des actions et des paroles, la persévérance en dépit de l'instabilité des temps, l'assistance protectrice des dieux, l'appui des puissances divines ou plutôt des vertus du Dieu unique et universel, incompré-hensible et inexprimable, ces vertus que vous appelez les anges, les rites solennels des anciens sacrifices, et les expiations salutaires qui purifient l'âme et le corps des mortels, voilà, selon les leçons de nos aïeux, voilà la route assurée qui conduit l'homme à Dieu. »

Saint Augustin répond successivement à Maxime et à Longinien ; il leur répond en homme dont la raison ferme et puis-sante ne craint pas les petits écueils où vont échouer les in-telligences faibles. Il répond à Maxime, en lui faisant voir qu'il avait pris soin lui-même de ruiner le paganisme, en le tournant en ridicule, et en ne se montrant pas même envers lui plus indulgent que ne le faisaient les catholiques ; de sorte qu'en se posant comme le défenseur de ses dieux, il les a plus attaqués que soutenus. Et afin, dit le saint, qu'il ne nous arrive pas de tomber dans des calomnies sacriléges, sachez que chez ces catholiques, dont vous avez une église dans votre ville, on n'adore pas les morts, et que l'on ne rend cet honneur suprême qu'au seul Dieu vivant, qui a créé toutes choses. »

Saint Augustin répond ensuite à Longinien. « Sans la grâce,

(1) Voir M. de Saint-Marc-Girardin, dans l'ouvrage déjà cité.

la vertu humaine ne suffit pas plus pour conduire à Dieu que les pratiques pieuses sans la vertu. La vertu vaut sans doute mieux que les sacrifices et les expiations, mais elle ne peut rien sans la grâce. La grâce de Dieu d'abord comme cause de tout bien ; la vertu de l'homme émanant de la grâce de Dieu ; les pratiques religieuses enfin, qui aident la vertu, mais qui n'en tiennent jamais lieu, voilà les voies qui seules, lorsqu'elles sont réunies, peuvent mener à Dieu. »

Saint Augustin passa environ trois ans dans sa retraite de Tagaste, travaillant immensément, tout en donnant beaucoup de temps à ses méditations, aux soins domestiques de sa maison, et enfin aux personnes qui le consultaient oralement ou par écrit. Le nombre considérable d'ouvrages qu'il produisit pendant ce court intervalle et sa vaste correspondance ne suffisaient point cependant à épuiser la prodigieuse activité de son intelligence. Il s'occupait encore d'une édition de la Bible, qu'il ne publia point, mais en vue de laquelle il collationnait les divers manuscrits de l'Écriture sainte que l'on possédait alors, tels que la Bible des Septante, dont toute l'Église se servait à cette époque; l'édition d'Aquila ; les traducteurs grecs et la traduction de saint Jérôme.

Jusqu'alors saint Augustin n'était qu'un simple laïque; l'Église de Tagaste ne demandait point qu'il entrât dans son clergé, « et pour lui, dit son savant historien, Tillemont, dans le festin du Seigneur il choisissait la place la plus humble. » Il redoutait plus qu'il ne désirait l'honneur du sacerdoce ; et, comme sa réputation de sainteté et de talent commençait à s'établir et grandir chaque jour, il évitait avec soin de se trouver dans les lieux où il n'y avait point d'évêque, de peur qu'on ne l'élût.

Cependant un homme d'Hippone, d'une grande piété, et faisant partie de l'administration impériale, ayant entendu parler de la vertu et de la science d'Augustin, désira le voir, et annonça même qu'il ne doutait point que, s'il pouvait voir Augustin et s'entretenir avec lui, un tel commerce ne le décidât à renoncer au siècle et aux emplois, pour se livrer exclusivement à la vie religieuse. Saint Augustin fut informé des dispositions de cet homme, et, dans son ardente charité, saisissant avec empressement une occasion d'être utile à l'un de ses frères, il s'empressa de se rendre à Hippone et de se mettre en relation avec lui.

Hippone avait alors pour évêque un saint vieillard, nommé Valère; mais cette ville avait besoin d'un prêtre; ce que saint Augustin ignorait. Comme il se rendait à l'église, il se trouva que le peuple était assemblé en ce moment. Va'ère prêchait et insistait sur la nécessité où il était de donner un nouveau prêtre à l'église d'Hippone : le peuple, qui connaissait la vertu, la piété et la vie austère de saint Augustin, le voyant dans l'église, se saisit de lui, et le présenta à l'évêque, en le priant avec instance de l'ordonner.

Augustin fondait en larmes, et frémissait à la vue du fardeau dont on allait charger ses épaules; mais toute sa résistance n'empêcha point que le désir du peuple d'Hippone ne fût satisfait. C'est ainsi que, par surprise, il fut fait prêtre de cette ville.

Hippone, dont le nom devint si célèbre à cause des vertus et du génie de saint Augustin; Hippone, aujourd'hui Bonne, était un petit port de mer, habité par des pêcheurs, et situé à quatre-vingt-quatre lieues de Carthage, et à quarante lieues de Cirtha (Constantine). Elle était bien fortifiée, puisque, comme nous le verrons ci-dessous, elle soutint un long siége contre les Vandales. Elle avait le surnom de Royale (Hippo-Regius), parce que, au dire de Silius Italicus, elle avait été la résidence chérie des anciens rois de Numidie. Ce surnom la distinguait d'une autre Hippone, surnommée Zarrhytès, et située dans l'Afrique proconsulaire. La population en était fort diverse, sous le rapport religieux : à l'époque de l'élection de saint Augustin les donatistes y dominaient, les païens y étaient fort clair-semés ; mais il y avait quelques ariens et beaucoup d'Israélites (1).

L'évêché d'Hippone était un des plus étendus de l'Afrique, puisqu'il comprenait le territoire de Fussale, qui en était éloigné de près de huit myriamètres. Valère, qui gouvernait alors ce diocèse, était un homme d'une ardente piété ; mais il était Grec de naissance, et ne s'énonçait que difficilement en latin. Aussi désirait-il vivement trouver un homme capable d'édifier son peuple par sa parole et par son exemple, et se réjouit-il de l'heureuse circonstance qui lui avait offert, en saint Augustin, un homme par le ministère duquel il pouvait s'acquitter envers son peuple des instructions qu'il lui devait, mais ne pouvait lui donner. Une amitié intime s'établit entre le saint vieillard et le jeune prêtre qu'il avait ordonné, et auquel il confia presque toute l'administration de son diocèse.

Saint Augustin fut ordonné prêtre vers la fin de 390. Il avait à peine commencé d'en exercer les fonctions qu'il reconnut qu'elles offraient encore plus de difficultés qu'il n'avait cru avant de les avoir abordées ; il demanda donc avec instance à Valère de lui permettre de se retirer quelques temps dans la solitude, afin de s'y préparer, par la prière, la méditation et la lecture de l'Écriture sainte, à la carrière sublime mais ardue dans laquelle il allait entrer.

C'était alors la coutume en Afrique que les évêques eussent seuls le droit de prêcher : les prêtres ne montaient point en chaire, surtout en présence de leur évêque. Mais Valère crut devoir faire une exception à cette règle en faveur d'Augustin : il le fit donc prêcher, mais en sa présence, malgré les murmures de quelques personnes qui regrettaient cette infraction à la coutume.

---

(1) Sermons de saint Augustin, 302, ch. 21 ; 196, ch. 4. — Traité sur l'Évangile de saint Jean, 40.

D'ailleurs saint Augustin s'en acquitta avec un tel succès
que cet exemple devint contagieux, et que bientôt, dans la
plupart des diocèses d'Afrique, les évêques abrogèrent la coutume d'interdire l'accès de la chaire aux simples prêtres.

Saint Augustin nourrissait depuis longtemps le désir et le
projet de fonder un monastère en Afrique; mais, comme il
avait vendu son bien, et en avait donné le produit aux pauvres, il trouvait des obstacles à accomplir son projet. Valère
les aplanit en lui donnant une terre qui dépendait de l'église
d'Hippone. Le saint s'y établit avec plusieurs personnes qui,
ainsi que lui, après avoir donné leurs biens aux pauvres,
avaient fait vœu de se vouer exclusivement au service de Dieu.
Ses anciens amis et ses disciples, Alyde, Evode, et ceux
dont nous avons vu l'histoire plus haut, faisaient sans doute
partie de cette communauté. Possidius, évêque de Calamane et
biographe de saint Augustin, y entra un des premiers: il vécut
pendant quarante ans dans l'intimité du saint.

Ce monastère, fondé par saint Augustin, servit par la suite
de séminaire pour le diocèse d'Hippone, et même pour les
diocèses voisins. La renommée de sainteté de cet établissement
s'établit au loin, et de toutes parts, on s'adressa à saint Augustin pour lui demander des religieux de sa maison, pour en
faire des prêtres. Dix évêques en sortirent, et tous furent jugés
dignes du nom de saint: on trouve parmi eux saint Alype,
évêque de Tagaste, saint Evode, d'Usale; Possidius, de Ca-
lamo, etc... A l'exemple de Valère et de saint Augustin, les
évêques des autres diocèses, séduits par l'exemple et par les
excellents résultats que l'on avait obtenus par la fondation du
monastère d'Hippone, s'empressèrent d'en établir dans leurs
diocèses; de sorte que le nombre de ces maisons ne tarda pas à
se multiplier beaucoup. Les pauvres, les esclaves, les affran-
chis, tous ceux qui souffraient, les meilleurs amis de Dieu,
selon la sublime expression d'un missionnaire (1), y affluè-

(1) Le P. Bridaine.

rent de toutes parts ; tandis que les heureux du monde, les riches, leur prodiguaient leurs biens, par esprit de piété ou de pénitence. Le monastère d'Hippone devint bientôt insuffisant, et, quoique la ville fût très-peu considérable, il fallut y ouvrir plusieurs autres maisons religieuses. On peut donc dire, en toute vérité, que, si saint Augustin ne fut pas le premier fondateur de la vie religieuse, il le fut au moins pour l'Afrique.

Comme il avait fondé des monastères pour les hommes, il en voulut fonder aussi pour les femmes. Plusieurs de ses parentes y entrèrent, et sa sœur en fut pendant longtemps la directrice. Bien que la vertu et la piété la plus parfaite régnassent dans cette maison, saint Augustin ne la visita que rarement. Il s'était fait une règle de n'avoir que le moins de relations possible avec les femmes. Quelques dissensions ayant éclaté dans cet établissement, saint Augustin s'interposa utilement pour les calmer : il écrivit plusieurs lettres à cet effet aux religieuses. Il termine l'une de ses lettres en leur donnant une règle, qui depuis a servi à tout l'ordre de Saint-Augustin, aux maisons d'hommes comme à celles des femmes. Le fondement de cette règle, c'est la vie en commun, l'humilité, l'obéissance et la prière.

Les Manichéens étaient fort nombreux à Hippone, et saint Augustin dut s'occuper, dès les premiers jours de son administration, de les combattre par tous les moyens qui étaient en son pouvoir. Il écrivit deux ouvrages contre eux (*De l'Unité de la Foi*, adressé à Honorat, manichéen ; et *Des deux âmes*). Il engagea en outre des discussions publiques contre eux. Il en soutint une entre autres contre un nommé Fortunat, que les manichéens considéraient comme le plus habile des leurs. Saint Augustin le battit tellement dans la discussion que Fortunat, couvert de honte, s'enfuit d'Hippone, et n'y voulut plus jamais reparaître.

L'an 593, un concile général de toute l'Afrique s'assembla à la basilique d'Hippone. On vit, en cette occasion, de quelle considération saint Augustin jouissait déjà dans l'Église : deux ans auparavant, c'était une chose inouïe en Afrique de voir un prêtre parler devant un évêque ; maintenant tous les prélats et les Pères du concile invitèrent saint Augustin à faire devant l'auguste assemblée un discours sur le symbole de la foi. Ce même concile ordonna que tous les ans une semblable réunion aurait lieu, tantôt à Carthage, tantôt dans une autre ville, et que tous les évêques de la province s'y rendraient, soit en personnes, soit par députés.

C'est de l'année qui suivit ce concile que datent les premières relations de saint Augustin et de saint Jérôme, non que le premier se fût rendu directement en Palestine, où habitait saint Jérôme, mais parce que saint Alype fit ce voyage en ce temps.

Dans cette même année, saint Augustin publia une explication littérale de la Genèse et un ouvrage sur le sermon de la montagne. Il écrivit aussi deux *Commentaires sur l'Épitre de saint Paul aux Romains*, et un *Livre sur le Mensonge*.

Ce qui contribuait beaucoup à accroître la renommée de saint Augustin en Afrique et dans toute l'Église, c'étaient les succès prodigieux qu'il obtenait contre les hérétiques, et principalement contre les donatistes. A son arrivée, ceux-ci dominaient à Hippone. Mais, dès qu'il eut entrepris de les combattre, ils virent leurs rangs s'éclaircir de jour en jour, et leur nombre diminuer rapidement, tandis que celui des catholiques s'accroissait d'autant. Son ardente et infatigable activité les poursuivait sans relâche, en public et en particulier, dans les maisons et dans les églises, de vive voix et par écrit : il ne leur laissait point de repos. Ce qui augmentait encore sa puissance, c'est que les hérétiques eux-mêmes, attirés par sa célébrité et par le charme invincible de sa parole, accouraient en foule à ses sermons. Ils venaient poussés par la seule curiosité, et s'en retournaient convertis. Ils s'arrachaient ses ouvrages ; et, frappés de la force des objections qu'il soulevait contre eux, ils allaient chez leurs évêques, et les priaient de résoudre

Ces difficultés. Ceux-ci s'efforçaient de le faire; mais leurs propres sectateurs étaient les premiers à leur faire observer
qu'ils ne répondaient point du tout aux arguments de leur
redoutable adversaire.

Il écrivit en particulier à chacun de leurs évêques et à leurs
partisans les plus considérables, pour les prier de rentrer
dans le giron de l'Église orthodoxe, ou au moins, s'ils ne le
voulaient, de s'éclairer en se mettant en relation, à ce sujet,
avec les docteurs de cette Église; mais ils s'y refusaient obstiné-
ment. Ce fut en vain qu'il les en fit sommer publiquement. Il
alla même les trouver et leur dit : — Au nom de Dieu, cher-
chons ensemble la vérité, et tâchons de la trouver, si vous
croyez que je ne l'aie point.

— Gardez, lui répondaient-ils, ce qui est à vous. Vous avez
vos brebis, et nous avons les nôtres : laissez celles-ci en repos,
comme nous y laissons les vôtres.

— Voici vos brebis, leur disait le Saint, et voici les nôtres :
où est ce que Jésus-Christ a racheté (1)?

Telle était la crainte que saint Augustin avait inspiré à ces
schismatiques, par son habileté dans les discussions, que non-
seulement ils refusaient d'entrer en conférence avec lui, mais
qu'ils craignaient même que leurs ouvrages ne tombassent entre ses mains, et qu'ils faisaient tout pour l'empêcher, parce
qu'ils ne pouvaient rien publier sans s'attirer aussitôt de sa part
des réponses foudroyantes.

Mais, s'ils désespéraient d'en triompher par les armes de la
discussion, ils ne craignaient pas d'aviser à s'en défaire par
d'autres voies. Leurs chefs prêchèrent ouvertement qu'il fallait
considérer saint Augustin non comme un homme dont la vie
était sacrée, mais comme un loup qui ravageait leur troupeau,
et qu'il n'y avait point de doute que celui qui le tuerait n'ob-

(1) Enarrationes in Psalmos Ps. 31.

tint de Dieu la rémission de ses péchés en récompense de cette action.

Ce qui le poussait à poursuivre le schisme des donatistes plus activement que toutes les autres sectes qui s'étaient séparées de l'Eglise, c'était la crainte que les catholiques ne considérassent ce schisme comme une chose indifférente, et s'y laissassent ainsi aller d'autant plus aisément.

Il fit deux ouvrages contre eux dans le cours de sa prêtrise: le premier est un chant populaire, divisé par strophes avec refrain, où il raconte l'histoire du donatisme et le réfute avec le plus de clarté et de simplicité qu'il peut; le second de ces ouvrages est destiné à réfuter une lettre que Donat avait lui-même publiée. Dans ses *Rétractations*, le Saint, en parlant de cet ouvrage, avoue, avec une noble et touchante humilité, qu'il avait eu tort de traiter Donat de voleur, de parjure, et de l'avoir accusé d'avoir retranché des mots importants d'un passage de l'Ecriture, attendu, quant à sa dernière assertion, qu'il avait trouvé depuis des exemplaires de la Bible plus anciens que le schisme des donatistes, où les mêmes lacunes se rencontraient.

Tandis qu'il s'efforçait, au péril de ses jours, de faire rentrer ces brebis égarées dans le sein de l'Eglise, il ne négligeait point cependant les intérêts de son troupeau. On avait alors, comme on l'a pu voir plus haut, la coutume de se réunir aux tombeaux des saints et des martyrs, et d'y manger des viandes qu'on leur avait consacrées. Ces réunions avaient peu à peu dégénéré en de véritables festins, qui n'étaient pas toujours exempts d'excès et de scandales. Cette coutume était aussi en vigueur à Hippone, et le peuple s'y réunissait en un jour donné, qu'on appelait la *réjouissance*, dans une église, pour y faire un festin près du tombeau de saint Léonce, ancien évêque d'Hippone. Les donatistes, en se séparant de l'Eglise, avait conservé cette coutume, et célébraient cette même fête.

Saint Augustin, qui avait déjà fait beaucoup d'efforts pour la faire abolir dans son Eglise, et même dans les autres diocèses de l'Afrique, résolut de faire une dernière et décisive tentative près de ses ouailles. Plusieurs jours avant la fête, il engagea l'évêque Valère à défendre au peuple de la célébrer par des festins dans l'église. Le peuple, fort mécontent, murmura beaucoup de cette défense. Cependant l'avant-veille de la fête (c'était le 2 mai, et la veille de l'ascension) saint Augustin, prenant pour texte de son sermon ces paroles de l'Evangile du jour : *Ne donnez point le saint aux chiens*, fit voir combien il était honteux de se livrer dans une église à des excès tels qu'on n'oserait les commettre chez une personne que l'on respecterait, et que ceux qui s'y livraient, même dans leur domicile, étaient séparés de la communion des saints mystères.

Son discours fut bien reçu ; mais comme l'assemblée n'avait pas été nombreuse, il reprit le même sujet le jour de la fête, à propos de l'évangile du jour, où l'apôtre raconte comment Jésus-Christ chassa du temple les marchands qui y vendaient des animaux à l'usage de ceux qui venaient y offrir des sacrifices. Il montra que ce commerce était moins coupable dans le lieu saint que les excès que l'on y commettait à l'occasion des festins. Il insista ensuite sur l'extrême inconvenance qu'il y avait, non pas seulement à s'y enivrer, mais à faire même le repas le plus léger. Ce qui toucha du reste beaucoup plus ses auditeurs que toutes les raisons qu'il pût leur donner, ce fut l'accent, l'émotion profonde avec laquelle il prononça son discours, les marques de douleur dont il l'accompagna, les vives et instantes prières qu'il leur adressa, les châtiments terribles dont il les menaça de la part du Dieu au nom duquel il parlait.

Le peuple pleura beaucoup, mais, deux jours après, ceux qui avaient le plus pleuré vinrent pour dresser leurs tables dans l'église. Saint Augustin y courut, et les harangua de nouveau. On lui répondit qu'à Rome même dans la basilique de Saint-Pierre, on célébrait des festins, et même qu'une dame romaine d'une haute naissance, sainte Pauline, étant morte, son mari avait fait dresser en son honneur, dans cette basilique même, des festins servis pour les pauvres avec une grande abondance. Saint Augustin leur répondit qu'on ne devait pas s'étonner de la suppression d'un usage qui, condamnable en lui-même, n'avait été toléré quelque temps que par égard pour ceux qui sortaient récemment du paganisme, et qui, habitués, dès leur enfance, à ces festins, auraient eu trop de peine à y renoncer tout-à-coup. En ne les abolissant pas trop brusquement, on leur permettait de s'habituer insensiblement aux mœurs austères de l'Eglise. Il parvint ainsi peu à peu à les persuader à force d'éloquence ; et, comme il était important d'occuper le peuple pendant cette journée, il l'engagea à revenir dans l'après-midi ; et là, faisant de saintes lectures, qu'il interrompait par d'éloquentes digressions, et chantant des psaumes qu'il avait choisis et dont les sujets étaient analogues à la circonstance et répondaient à son intention, il tenait ses auditeurs attentifs et charmés, quand soudain les chansons et les cris des donatistes, qui célébraient non loin de là, dans leur église, leurs festins et leurs débauches accoutumées, retentirent jusqu'au milieu de l'assemblée des catholiques, et vinrent en ébranler les bonnes dispositions. Mais saint Augustin reprenant la parole :

« Les joies grossières et sacrilèges des hérétiques, dit-il, vont rehausser encore aux yeux de Dieu la joie sainte et pure de notre réunion : ici, le banquet spirituel de la foi chrétienne; là, les appétits gloutons, stupidement rassasiés. Quelle distance entre eux et vous, quoique vous entendiez leurs chansons impies ! Quelle séparation, qui durera jusqu'au dernier jour ! car c'est d'eux que l'apôtre a dit : Malheur à ceux qui font un dieu de leur ventre ! la nourriture appartient au ventre, et le ventre à la nourriture, et tous deux au néant. »

Ces paroles ramenèrent le peuple : la journée s'acheva à chanter des hymnes au Seigneur, et depuis la coutume des festins dans les églises fut abolie dans le diocèse d'Hippone, et disparut peu à peu de toute l'Afrique catholique (1).

Il paraît que les donatistes ne virent pas cette nouvelle victoire de saint Augustin sans une extrême jalousie ; le Saint raconte en effet à la fin de la lettre dans laquelle il donne tous ces détails à Alypius, et qui nous les a conservés, que les circoncellions avaient fait une irruption dans l'église d'Hippone, qu'ils en avaient brisé l'autel, et enfin que les magistrats avaient été saisis de cette affaire et la poursuivaient.

Vers cette même époque, on le présume du moins, saint Augustin acheva et publia enfin le traité *Du libre Arbitre*, qu'il avait déjà commencé depuis longtemps. C'est un dialogue en trois livres, sur cette importante question, où abondent les vues ingénieuses ou profondes, et dont les penseurs les plus distingués ont toujours fait le plus grand cas.

Toutes ces publications, ces polémiques et ces succès avaient fait prodigieusement grandir la réputation de saint Augustin : Valère tremblait qu'on ne l'enlevât au diocèse d'Hippone, et que quelque autre église de l'Afrique ou de la chrétienté ne l'appelât à l'épiscopat. Afin d'y mettre obstacle, il résolut de l'ordonner évêque de son vivant. Il le proposa donc aux évêques et au peuple assemblés à Hippone : tous accueillirent cette proposition avec enthousiasme, à l'exception de saint Augustin et de Mégale, évêque de Calame.

Des rapports calomnieux avaient été faits à ce prélat contre le Saint, et l'avaient prévenu contre lui. Le concile le pria d'examiner attentivement si ces accusations étaient fondées; Mégale le fit avec conscience : il reconnut qu'il avait été induit en erreur, l'avoua publiquement au concile, et lui en demanda pardon, ainsi qu'à saint Augustin; et, en signe que cet orage

---

(1) Saint Augustin, Lettre 29. — V. encore M. de Saint-Marc-Girardin, dans l'ouvrage ci-dessus cité.

momentané n'avait point laissé de traces, ce fut ce pontife lui-même qui ordonna saint Augustin, un peu avant les fêtes de Noël de l'an 595 ou, selon quelques-uns, 596.

Les soins et les travaux de l'épiscopat n'épuisèrent pas plus son infatigable activité que ne l'avaient fait ceux de la prêtrise. Durant les premières années de son pontificat, il publia une quantité incroyable d'ouvrages, tous remarquables, et sur les sujets les plus divers. Nous allons les parcourir, autant du moins que le permettent la nature et les limites de ce travail.

Saint Ambroise étant mort (le 4 avril 596), saint Simplicien, qui avait, quelques années auparavant, exercé une influence si heureuse et si décisive sur la conversion de saint Augustin, lui succéda sur le siége archiépiscopal de Milan. Quelques-uns des écrits de saint Augustin étaient tombés entre les mains de ce vénérable vieillard, et il les avait lus avec la plus vive satisfaction. Il s'empressa de le lui témoigner en lui écrivant, et en même temps il lui proposa quelques difficultés, dont il lui demanda l'explication. Saint Augustin lui répondit, et c'est ce qui fait le sujet de l'ouvrage intitulé *Deux Livres à Simplicien.* Le premier livre n'est guère qu'une introduction dans laquelle il expose sa doctrine sur la grâce. Il avait pensé précédemment que la foi venait de l'homme, qui, après avoir entendu annoncer la vérité, se déterminait à croire, ou à ne pas croire. Un examen plus attentif de la question lui avait fait modifier sa manière de penser à cet égard; et, dans le premier *Livre à Simplicien,* il avoue avec humilité que, profitant à mesure qu'il étudiait, et plus docile aux inspirations du ciel, il reconnaissait que la foi n'était pas moins un don de la grâce que toute la suite des bonnes œuvres. Le second *Livre à Simplicien* contient la réponse à diverses difficultés que ce vénérable vieillard avait proposées à saint Augustin sur six passages de l'Ecriture.

Il écrivit ensuite la *Réfutation* d'un ouvrage de Manès, que les sectateurs de cet hérésiarque appelaient l'*Epître du Fonde-*

ment, parce qu'elle contenait à peu près tous les articles de leur croyance.

Après cet ouvrage, il fit celui qu'il intitule : *Du Combat du Chrétien.* C'est un abrégé, en style simple et clair, à l'usage des fidèles peu instruits, des règles de la foi et des principes de sa morale chrétienne.

A cette publication il fit succéder celle des quatre livres de *a Doctrine chrétienne.* Cet ouvrage ne parut pas de suite tout entier, et saint Augustin n'en fit pas paraître le dernier livre que plusieurs années après les trois premiers, en 426.

Mais, de tous les ouvrages qu'il composa, non-seulement à cette époque, mais dans tout le cours de sa longue et brillante carrière, le plus original et le plus beau, sans contredit, c'est, avec la Cité de Dieu et les Soliloques, le livre des *Confessions,* monument unique d'utilité et de franchise. L'âme, la belle âme de saint Augustin s'y révèle tout entière : c'est l'histoire de sa vie, depuis sa naissance jusqu'à sa trente-troisième année. Cette histoire est contenue dans les neuf premiers li vres de l'ouvrage; les cinq derniers sont remplis par des réflexions pieuses ou philosophiques, par des prières et par l. profession de foi du Saint. Les longs extraits de cet ouvrag qui ont été donnés plus haut à dessein ont pu faire connaître, quoique d'une manière fort insuffisante, cette œuvre admirable.

Puissent-ils inspirer le plaisir de la lire et de l'étudier ! Saint Augustin n'est point assez connu; aucun auteur, sacré ou profane, n'est cependant plus en harmonie avec les idées et les besoins de notre époque. Lui aussi fut poursuivi de ces angoisses du doute, ce mal de notre siècle, et en triompha. Il a fait plus : il nous a laissé, pour nous instruire, le récit de ses égarements, de ses luttes, de ses découragements, de ses gémissements, et enfin de sa victoire; récit touchant et dramatique s'il en fût. Où trouver plus de sensibilité rêveuse, plus de tendre mélancolie, plus de délicatesse, une étude plus profonde de l'âme humaine, de plus charmants détails, de naïfs aveux, de touchant abandon, en même temps qu'un style plus simple, plus élégant, plus souple.

En lisant les *Confessions*, on se sent ému malgré soi, tant l'écrivain sacré sait bien le chemin du cœur, tant il pénètre l'âme.

« Quand on nomme un saint aujourd'hui, dit M. de Châteaubriand, on se figure quelque moine grossier et fanatique livré par imbécilité ou par caractère à une superstition ridicule. Augustin offre pourtant un autre tableau : on voit un jeune homme ardent et plein d'esprit, se jetant à la fois dans les délices des passions et dans les plaisirs de la pensée, épuisant bientôt toutes les voluptés, et s'étonnant que les amours de la terre ne puissent remplir le vide de son cœur. Il tourne son âme inquiète vers le ciel ; quelque chose lui dit que c'est là qu'habite cette souveraine beauté après laquelle il soupire. Dieu lui parle tout bas, et cet homme du siècle, que le siècle n'avait pu satisfaire, trouve enfin le repos et la plénitude de ses désirs dans le sein de la religion.

» Montaigne et Rousseau nous ont donné leur confession. Le premier s'est moqué de la bonne foi de son lecteur ; le second a révélé de honteuses turpitudes, en se proposant pour modèle le vertu. C'est dans les *Confessions* de saint Augustin qu'on apprend à connaître l'homme tel qu'il est. Le Saint ne se confesse pas à la terre, il se confesse à Dieu, il ne cache rien à celui qui voit. C'est un chrétien, à genoux devant le tribunal de pénitence, qui déplore ses fautes et qui les découvre, afin que le médecin applique le remède sur la plaie. Il ne craint point de fatiguer par des détails celui dont il a dit ce mot sublime : « Il est patient, parce qu'il est éternel. » Et quel magnifique portrait ne nous fait-il point du Dieu auquel il confie ces erreurs !

« Vous êtes infiniment grand, dit-il, infiniment bon, infiniment miséricordieux, infiniment juste; votre beauté est incomparable, votre force irrésistible, votre puissance sans bornes. Toujours en action, toujours en repos, vous soutenez, vous

remplissez, vous conservez l'univers ; vous aimez sans passion, vous êtes jaloux sans trouble, vous changez vos opérations, et jamais vos desseins... Mais que vous dis-je ici, ô mon
Dieu ! et que peut-on dire en parlant de vous? »

Le même homme qui a tracé cette brillante image du vrai
Dieu va nous parler à présent avec la plus aimable naïveté des
erreurs de sa jeunesse.

« Je partis enfin pour Carthage. Je n'y fus pas plus tôt arrivé
que je me vis assiégé d'une foule de coupables amours, qui se
présentaient à moi de toutes parts... Un état tranquille me semblait insupportable, et je ne cherchais que les chemins plein
de pièges et de précipices.

» Mais mon bonheur eût été d'être aimé aussi bien que d'aimer, car on veut trouver la vie dans ce qu'on aime... Je tombai
enfin dans les filets où je désirais être pris : je fus aimé...
Mais, ô mon Dieu ! vous me fîtes alors sentir votre bonté et
votre miséricorde, en m'accablant d'amertume ; car, au lieu
des douceurs que je m'étais promises, je ne connus que jalousie, soupçons, craintes, querelles et emportements. »

Le ton simple, triste et passionné de ce récit, le beau retour
vers la Divinité et vers le calme du ciel, au moment même où
le Saint semble le plus agité par les illusions de la terre et le
souvenir des erreurs de sa vie ; ce mélange de regrets et de repentir est plein de charmes. Nous ne connaissons point de mot
de sentiment plus délicat que celui-ci :

« Mon bonheur eût été d'être aimé aussi bien que d'aimer,
car on veut trouver la vie dans ce qu'on aime. »

C'est encore saint Augustin qui a dit cette parole rêveuse :

« Une âme contemplative se fait à elle-même une solitude. »

La Cité de Dieu, les Épîtres et quelques Traités du même
Père sont pleins de ces sortes de pensées (1).

---

(1) M. de Châteaubriand, Génie du Christianisme, 3e Partie, IV., 1.

Après les *Confessions* parurent divers autres ouvrages, que
sa plume infatigable produisait avec une merveilleuse fécondité : un livre contre un nommé *Hilaire*, qui avait blâmé la
coutume, qui commençait à s'introduire alors, de chanter des
hymnes tirées du livre des Psaumes pendant l'oblation et tandis
qu'on distribuait au peuple ce qui avait été offert ( d'où vient
peut-être la coutume des antiennes ); *Les Commentaires sur
saint Luc, saint Matthieu, et sur Job*, et le livre *du Catéchisme
des Ignorants*. Ce dernier ouvrage, où l'on trouve des choses
admirab'es, est une méthode de catéchiser les enfants et les
ignorants, à l'usage des prêtres, des instituteurs et des pères
de famille.

Il fit succéder à ces divers écrits les quinze livres *sur la Trinité*, dont il s'occupa plusieurs années, laissant et reprenant
son travail à diverses reprises, selon que ses autres occupations
le lui permettaient. Aussi ce livre ne fut-il complétement achevé
que vers 410.

Les critiques mêmes qui se sont montrés le plus sévères envers saint Augustin n'ont pu s'empêcher de louer ce traité.
Gennade, qui n'est pas suspect de partialité en faveur du saint
évêque d'Hippone, dit que, selon l'expression de l'Ecriture,
« il paraît, dans cet ouvrage, avoir été revêtu de la robe de la
sagesse divine, qui éclate par toutes sortes de beautés (1). »
Cassiodore dit que ces quinze livres demandent une application
et une pénétration extrêmes, parce qu'ils sont d'une subtilité
et d'une élévation prodigieuses (2).

Telles furent les publications de saint Augustin pendant les
premières années de son épiscopat. Quelle qu'en fût la quantité,
elles ne l'empêchaient nullement, telle était sa facilité et l'a-
bondance de son génie, de vaquer à ses fonctions et de faire

---

(1) Gennadius, de Scriptoribus ecclesiasticis Liber, C. 38.
(2) De Institutione Scripturarum, C. 16.

en outre bonheur à une vaste correspondance. L'état de sa santé laissait cependant beaucoup à désirer, et nous voyons, par sa correspondance, que, pendant une partie de l'année 397, il fut condamné à garder le lit; il souffrait cruellement. « Tout était bien, disait-il, puisque Dieu le voulait ainsi (1). »

Dans cette même année, le père spirituel de saint Augustin, Mégale, évêque de Calame, mourut, et un disciple du Saint, Possidius, qui depuis écrivit sa vie, fut promu au siège vacant.

Au milieu de ces travaux et de ces publications, saint Augustin ne négligeait point le dessein de mettre un terme au schisme des donatistes. Il eut avec eux de nombreuses conférences; malheureusement ce fut presque toujours sans fruit. Les discussions amènent rarement des résultats autres que des triomphes ou des défaites pour l'amour-propre des parties; elles ne prouvent d'ailleurs guère que le plus ou moins d'habileté dialectique de ceux qui y prennent part, et non point la bonté de leur cause, la meilleure cause pouvant fort bien succomber, faute d'un bon avocat.

Les écrits et les sermons de saint Augustin avaient converti et convertissaient encore chaque jour les donatistes de bonne foi; quant aux autres, s'obstinant dans leur aveuglement, ils fermaient les yeux à la lumière, et se refusaient à toute discussion franche et sérieuse.

Ils continuaient en outre à troubler l'Afrique, les uns par leurs intrigues, les autres, les circoncellions, par leurs désordres et leurs brigandages. Ils prirent parti pour Gildon, comte de la milice romaine en Afrique, qui s'était révolté contre l'empereur Honorius, en 387. Après la défaite de ce rebelle, les chefs des donatistes furent mis à mort, et des lois sévères furent portées contre tout le parti. En 407, Honorius, confirmant toutes les lois faites par ses prédécesseurs contre les hérétiques

_____

(1) Lettre 38.

et les païens, ordonna que tous les édifices du culte qu'ils possédaient fussent remis aux catholiques.

Plusieurs ouvrages de saint Augustin parurent à cette époque. Dans l'un d'eux (*Commentaire général sur la Genèse*), il raconte quelques aventures extraordinaires.

« Nous avons connu, dit-il (XII, 17), un homme tourmenté par l'esprit impur, et qui, recevant fréquemment les visites d'un prêtre, avertissait ceux qui l'entouraient du moment où ce prêtre se mettait en route pour aller le voir, quoique ce fût à près de cinq lieues de là. Il indiquait en outre, à mesure que ce prêtre avançait, tous les endroits de la route où il se trouvait, disant : Il est maintenant en tel lieu, il entre dans la maison... Il fallait assurément que ce malade, pour parler si justement, vît ces choses d'une manière quelconque, bien que ce ne fût point des yeux. Il avait la fièvre, et il disait tout cela comme un homme en délire. Peut-être était-il en effet en démence, et était-ce là ce qui faisait croire qu'il était possédé du démon. Il ne voulait recevoir aucune nourriture de ceux qui l'entouraient, et il fallait, pour qu'il en acceptât, qu'elle lui fût offerte par ce prêtre. Lui seul pouvait le calmer dans ses accès, et, aussitôt que le malade le voyait, il se tenait en repos et l'écoutait avec soumission. Cette maladie disparut avec la fièvre. »

« Un autre homme, aussi en démence, prédit la mort d'une femme avec des circonstances remarquables, non point en l'annonçant comme à venir, mais comme présente, quoiqu'elle ne le fût pas. Comme on était venu à parler de cette femme devant lui, il dit :

— Elle est morte, je l'ai vu porter en terre; on a passé par ici avec son corps.

» Cependant cette femme était encore en vie et en parfaite santé. Mais, peu de jours après, elle mourut subitement, et toutes les circonstances prédites par l'homme en démence se réalisèrent. »

« Des jeunes gens en voyage voulurent, pour se divertir aux

dépens de leur hôte, faire les astrologues, bien qu'ils ne sussent
pas seulement ce que c'était que le zodiaque. Ils se mirent donc
à dire à leur hôte tout ce qu'il leur vint à la bouche, d'autant
plus encouragés à le faire et à continuer leurs prédications que
celui-ci les écoutait avec une naïve admiration, et avouait que
tout ce qu'on lui disait était réellement arrivé. Ces jeunes gens
ne le connaissaient point, non plus que l'histoire de sa vie, et
cependant, par un étrange hasard, ils devinaient tout ce qui lui
était arrivé. Ne pouvant s'expliquer ce fait qu'en supposant
ces jeunes gens doués d'une science surnaturelle, plein de confiance en eux, il leur demanda des nouvelles de son fils. Ce
jeune homme était absent depuis longtemps, et le père en était
fort en peine. Ceux-là, qui allaient partir, et qui se souciaient
peu de ce qui arriverait après leur départ, répondirent :

— Votre fils, il se porte fort bien, et rentrera aujourd'hui
même dans la maison paternelle.

» Ils pensaient bien que le père, si leur prophétie ne se
réalisait pas, ne courrait point après eux pour les punir; mais
il se trouva, par une étonnante coïncidence, qu'ils avaient dit
vrai, et que le fils arriva le jour même (1). »

« Dans une autre circonstance, un jeune homme dansait dans
un temple païen, contrefaisant l'enthousiaste. Après les sacrifices du matin, où les prêtres des idoles dansaient seuls devant
elles, on permettait aux jeunes gens de les contrefaire l'après-
midi, pour se divertir. Celui-ci dansait ainsi, et faisait rire
l'assistance. Tout à coup il fait faire silence, et annonce à tous
ceux qui l'environnaient que, la nuit suivante, il y aurait un
homme tué par un lion de la forêt voisine, et que dès le point
du jour, tout le peuple sortirait de la ville pour aller voir son
cadavre. Ils ne disait cela que par forme de plaisanterie, et
ceux qui l'avaient entendu l'avaient compris ainsi. Mais il se

(1) XII, 11.

trouva, au grand étonnement de tous et du devin le premier, que ce qu'il avait annoncé arriva comme il l'avait dit. »

Les violences des donatistes croissaient de jour en jour : les conciles, dont la patience était poussée à bout, après les avoir, à diverses reprises, engagés et sommés de rentrer dans le giron de l'Eglise, ou au moins de consentir à engager des discussions publiques où le bon droit pourrait éclater, les conciles, disons-nous, eurent enfin recours à l'autorité impériale, et appelèrent l'attention d'Honorius sur les troubles que ces schismatiques ne cessaient de causer en Afrique. Des mesures furent prises contre eux, mais elles ne servirent qu'à allumer davantage leur fureur. Les prêtres et les évêques furent surtout les objets de leurs violences. Ils les diffamaient en les calomniant, quand ils n'étaient pas assez nombreux pour les attaquer à force ouverte.

Un jour que Possidius, évêque de Calame, se rendait à Rugilino, ville de son diocèse, pour y visiter le peu de catholiques qui y étaient, et les consoler dans les épreuves qu'ils avaient à subir de la part des donatistes, un parti de ceux-ci, conduit par un de leurs prêtres nommé Crispin et furent de Possidius, l'attendit en armes sur le chemin pour le tuer. Le vénérable évêque de Calame en fut averti, et, prenant une autre direction, chercha un refuge dans un lieu nommé Livet. Mais les donatistes l'y poursuivirent et attaquèrent la maison où il s'était retiré. Ils l'assaillirent à coups de pierres, s'efforcèrent d'enfoncer la porte, et essayèrent, à plusieurs reprises, d'y mettre le feu : ils en fussent venus à bout si les habitants de la ville, craignant les suites de l'incendie, n'eussent tout fait pour y mettre obstacle. Enfin la porte de la maison céda sous l'effort des assaillants : ils s'y jetèrent avec fureur, la pillèrent, tuèrent les bêtes de somme, maltraitèrent les personnes qui s'y trouvaient, et, en arrachant de force Possidius, ils lui firent subir toutes sortes d'outrages. Ils l'eussent mis à mort si Crispin, voyant les nombreux témoins qui les entouraient et qui les menaçaient de la vengeance des magistrats, n'eut arrêté ces furieux. L'évêque de Calame fut laissé sur la place, couvert de contusions et baigné dans son sang. L'affaire fut portée devant les magistrats de la province; mais, par leurs intrigues, les donatistes parvinrent à se faire absoudre. L'empereur Honorius ayant été informé de cette sentence, en fut indigné : il condamna les donatistes et les juges qui les avaient acquittés à payer chacun une amende de dix livres d'or.

Mais ce fut surtout saint Augustin qui fut l'objet des attaques de ces schismatiques. Il avait engagé une polémique contre l'un d'eux, nommé Pétilien. Cet homme, abattu par la force des raisons et par les preuves dont il l'accablait, s'en vengea en répandant contre lui un torrent d'injures et de calomnies. Saint Augustin y répondit avec une simplicité et une douceur admirables.

« Je déclare, dit-il, que je condamne et que je déteste tout le temps de ma vie qui a précédé mon baptême, n'y recherchant que la gloire de celui qui m'a délivré de moi-même. Aussi, quand j'entends blâmer ma conduite d'alors, quel qu'en soit le motif, ne suis-je pas assez ingrat envers la miséricorde divine pour me plaindre de ce blâme? Plus on exagère mes fautes, plus je bénis le médecin qui m'a guéri (1). »

Voyant le bon sens public, non moins que l'inaltérable douceur du saint, faire justice de leurs calomnies, les donatistes, irrités, résolurent d'employer contre lui d'autres armes. Plusieurs fois, tandis qu'il visitait son diocèse, les circoncellions lui dressèrent des embuscades et l'attendirent. Il fut assez heureux pour n'y jamais tomber, bien qu'un jour il en eût couru le danger et qu'il ne dût son salut qu'à ses guides, qui, s'étant égarés, le firent passer par un autre chemin que celui où les donatistes l'attendaient, et où il eût trouvé la mort.

D'autres ecclésiastiques n'étaient point aussi heureux que lui : surpris par les circoncellions, ils étaient maltraités, couverts de blessures et souvent mutilés.

(1) Libri contra Litteras Petiliani, III, 10.

Un Prêtre du diocèse d'Hippone, nommé Restitutus, jadis donatiste, avait été touché par la force de la vérité, et avait embrassé la foi catholique. Pour s'en venger, les circoncellions
l'enlevèrent de force de chez lui, et le menèrent en plein jour
dans un château voisin. Là, à la vue d'un grand nombre de
personnes qui n'osèrent les en empêcher, ils dépouillèrent Restitutus de ses vêtements, l'accablèrent de coups de bâton;
puis, quand ils furent las, ils le roulèrent dans la boue, et le
couvrirent d'un habit de jonc. Après l'avoir exposé assez longtemps en cet état à la risée des uns et à la compassion des autres, ils le conduisirent dans un de leurs temples, où ils le re-
tinrent enfermé pendant douze jours, jusqu'à ce que le magistrat de la province, informé de cette violence, l'eût fait relâ-
cher. Les coupables furent saisis et punis, ce qui n'empêcha
point que, quelques années après, ce même prêtre, étant tombé
de nouveau dans une embuscade des circoncellions, fut mis à
mort par eux, et obtint la couronne du martyre. Les coupables
furent arrêtés et traduits devant le tribunal de Marcellin, juge
à Carthage; mais saint Augustin intercéda pour eux, et écrivit
à ce sujet une admirable lettre à leur juge :

AUGUSTIN,

Au tribun Marcellin, très-auguste seigneur et très-cher fils, salut
en Dieu.

« J'ai appris que ces circoncellions et ces clercs du parti
donatiste que l'autorité publique avait transférés de la jurid'c-
tion d'Hippone à votre tribunal avaient été entendus par
Votre Excellence, et que la plupart d'entre eux avaient avoué
l'homicide qu'ils avaient commis sur le prêtre catholique Restitutus, et les blessures qu'ils ont faites à Innocent, prêtre catholique, en lui crevant un œil et en lui coupant un doigt à

coups de pierre. Cela m'a jeté dans une grande inquiétude que Votre Excellence ne veuille les punir avec toute la rigueur des lois, en leur faisant souffrir ce qu'ils ont fait.

» Aussi j'invoque par cette lettre la foi que vous avez en Jésus-Christ, et, au nom de sa divine miséricorde, je vous conjure de ne point faire cela, et de ne point permettre qu'on le fasse. Quoique nous puissions, en effet, paraître étrangers à la mort de ces hommes qui sont soumis à votre jugement, non sur notre accusation, mais sur l'avis de ceux auxquels est confié le soin de la paix publique, nous ne voulons pas que les souffrances des serviteurs de Dieu soient vengées, d'après la loi du talion, par des supplices semblables : non que nous voulions empêcher qu'on ôte aux hommes coupables le moyen de mal faire, mais nous souhaitons que ces hommes, sans perdre la vie et sans être mutilés en aucune partie de leurs corps, soient, par la surveillance des lois, ramenés d'un égarement furieux au calme du bon sens, ou détournés d'une énergie malfaisante pour être employés à quelque travail utile. Cela même est encore une condamnation : mais peut-on ne pas y trouver un bienfait plutôt qu'un supplice, puisque, en ne laissant plus de place à l'audace du crime, elle permet le remède du repentir ? Juge chrétien, remplis le devoir d'un père tendre ; dans ta colère contre le crime, souviens-toi cependant d'être favorable à l'humanité, et, en punissant les attentats des pécheurs, n'exerce pas toi-même la passion de la vengeance (1). »

Saint Augustin écrivit encore, dans le même but, au proconsul de la province, et ce ne fut pas sans résultat ; car les magistrats, touchés de cette intervention si généreuse, se montrèrent beaucoup plus indulgents qu'ils n'eussent fait si les catholiques, au lieu d'intercéder en faveur des coupables, avaient réclamé leur châtiment.

---

(1) Épître, 175, traduct. de M. Villemain.

**Les Pères** du concile de Carthage (404) invoquèrent néanmoins le secours de l'empereur pour faire mettre un terme à ces violences, et forcer, au besoin, les donatistes à rentrer dans l'unité de l'Eglise. Saint Augustin s'était d'abord élevé contre cette démarche : il pensait qu'il ne fallait forcer personne à changer de religion, et que, dans ce cas, on ne devait agir que par conférences et par raison, pour ne point changer des hérétiques déclarés en des catholiques déguisés. Il finit néanmoins par se ranger à l'avis de ses collègues. Le concile décida, en conséquence, que l'on supplierait l'empereur de renouveler et de confirmer les lois qui avaient été portées contre les hérétiques, soit par lui, soit par ses prédécesseurs.

Une loi de Théodose-le-Grand condamnait les évêques et les prêtres schismatiques à payer une amende de dix livres d'or : le concile demanda que cette loi fût appliquée aux donatistes dans tous les lieux où les catholiques auraient souffert quelque violence ou quelque dommage de la part des circoncellions. Une autre loi privait les hérétiques de la faculté de donner ou de recevoir quoi que ce fût par donation ou par testament : le concile proposa de l'appliquer aux donatistes qui persévéreraient dans leur schisme. Enfin une troisième loi devait rendre les villes et les propriétaires de biens fonds responsables de toutes les violences que les circoncellions commettraient dans leur enceinte contre les catholiques.

Tandis que les députés du concile portaient à Honorius les vœux de cette assemblée, ce prince recevait de plusieurs endroits des plaintes au sujet des violences des donatistes.

Maximien, évêque catholique de Bigai, s'était fait restituer, par jugement contradictoire, une église que les donatistes avaient enlevée aux catholiques. Ceux-là, pour s'en venger, pénétrèrent un jour dans sa métropole, tandis qu'il était à l'autel, le frappèrent avec les débris de l'autel qu'ils avaient brisé, et, après l'avoir dépouillé de ses vêtements, traîné sur le sol de l'église et torturé pendant longtemps, ils le portèrent tout sanglant au haut d'une tour, d'où ils le précipitèrent. Ils le croyaient mort, mais il respirait encore, parce qu'il était tombé non sur le sol, mais sur un monceau de sable, sur lequel il demeura sans connaissance. Il fut trouvé là par hasard par des mendiants qui l'emportèrent chez eux, soit par pitié, soit dans l'espérance de recevoir quelque récompense des catholiques, lorsqu'ils leur rendraient leur évêque, mort ou vif. Des personnes de piété le recueillirent ensuite, et lui prodiguèrent tant de soins qu'il revint à la vie et guérit.

Quand il fut en état de voyager, il se rendit en Italie, où le bruit de son assassinat avait soulevé l'horreur et l'indignation de tout le monde, et demanda justice et protection à l'empereur, non pour se venger, ce qui était loin de sa pensée, mais pour mettre désormais son église à couvert de pareilles insultes. En arrivant à la cour d'Honorius, il y trouva non-seulement les députés du concile de Carthage, mais une foule de personnes qui venaient porter aux pieds du trône des plaintes et des vœux analogues aux siens. Aussi l'empereur, impatienté des soucis que lui donnaient les donatistes et des troubles qu'ils excitaient en Afrique, alla-t-il au-delà des demandes du concile de Carthage, et lança-t-il contre ces schismatiques les édits les plus sévères (405).

Il déclara qu'il voulait exterminer entièrement l'hérésie des donatistes : à cet effet il ordonna qu'on mit le séquestre sur tous leurs biens jusqu'à ce qu'ils se convertissent; il confisqua leurs églises, affranchit ceux de leurs esclaves qui voudraient se faire catholiques, interdit leurs assemblées sous peine de fouet, et fit en outre droit à toutes les demandes du concile de Carthage (1).

Saint Augustin et les Pères du concile, ses collègues, n'apprirent qu'à regret ces édits si sévères, qui dépassaient de beaucoup leurs intentions.

---

(1) ... Collusion, XVI, 5, 6.

Au milieu des soins que les donatistes donnaient au saint évêque d'Hippone, il puisait de grandes consolations, soit dans l'amour et la vénération dont son troupeau lui prodiguait les témoignages, soit dans les succès qu'il obtenait dans la conversion des pécheurs ou des hérétiques. C'est ainsi qu'après une discussion fort longue et fort sérieuse avec un des principaux manichéens, nommé Félix, il parvint à le confondre et à le ramener enfin dans le sein de l'Église orthodoxe.

Les lois sévères d'Honorius contre les hérétiques et particulièrement contre les donatistes, ne contribuaient d'ailleurs pas peu à multiplier les conversions. Tous ceux qui jusqu'alors avaient hésité, pour de faibles motifs, à quitter le schisme s'empressèrent de le faire : tels étaient ceux qui n'y étaient demeurés que parce qu'ils craignaient les violences des circoncellions ; ceux qui y étaient nés, et qui, n'ayant jamais examiné si leur communion était légitime ou non, commencèrent à y faire réflexion, et n'y trouvèrent rien qui les obligeât à s'exposer à de si grands maux ; ceux enfin qui suivirent l'exemple des premiers. Aussi l'Église eut-elle la consolation de voir revenir dans son sein des populations entières (1). Et ces nouveaux convertis, les uns par zèle, les autres par feinte, devenaient presque tous d'ardents catholiques. La plupart d'entre eux d'ailleurs témoignaient de la joie d'avoir été enfin délivrés des soucis et des troubles de toutes sortes auxquels les exposait auparavant la secte turbulente à laquelle ils avaient appartenu.

Mais ceux qui, bravant la rigueur des lois, persévéraient dans le schisme, outrés de se voir abandonnés ainsi par leurs frères, n'en devenaient que plus furieux et redoublaient de violence. Les circoncellions se mirent à courir de côté et d'autre, troublant la paix de l'Église et le repos public : ils allaient attaquer, la nuit, les ecclésiastiques catholiques, pillaient leurs

_____

(1) Saint Augustin, Épit. 48, 50.

l'Afrique.                                                                 13 maisons, et les maltraitaient cruellement. Ils inventèrent même contre eux un supplice nouveau : ils les aveuglèrent en leur versant de la chaux dans les yeux. Ils s'aperçurent, par la suite, que cette blessure n'était point incurable, et, pour lui donner ce caractère, ils ajoutèrent du vinaigre à la chaux

Ces violences jetaient la terreur dans la province, imposaient silence aux opprimés ; mais elles ne profitaient point à la cause des donatistes ; elles la rendaient, au contraire, odieuse aux hommes modérés, et les engageait à la quitter : c'est ce qui explique comment ce furent précisément dans les contrées qu'ils maltraitèrent le plus que la décadence de leur parti fut le plus rapide : tels furent les diocèses d'Hippone et de Cirtha. Saint Augustin, avant de mourir, eut la consolation de voir son église entièrement délivrée de cette plaie.

Encouragés sans doute par la faiblesse ou l'incurie des gouverneurs de la province, qui ne réprimaient que mollement ces désordres, les païens voulurent les imiter. Au mépris d'une loi nouvellement publiée, ceux de Calame célébrèrent une de leurs fêtes, et parcoururent la ville en dansant, et en affectant de s'arrêter devant la porte de l'Eglise catholique. Les prêtres et l'évêque les ayant invités à s'en éloigner, ils se mirent à jeter des pierres contre l'église. Le clergé catholique invoqua alors l'intervention du magistrat de la ville ; mais ce fut en vain. Les païens, excités par leur impunité, revinrent à différentes fois contre la basilique, l'assaillirent d'abord de pierres, et finirent par y mettre le feu, ainsi qu'aux maisons de ceux qui la servaient. Ils poursuivirent ensuite les prêtres et les religieux, et en ayant saisi un, ils le tuèrent. L'évêque s'était enfui et caché dans une caverne, d'où il entendit les cris de ces furieux qui le cherchaient, en disant qu'ils n'auraient rien fait tant qu'ils ne l'auraient pas trouvé et mis à mort. La sédition dura plusieurs heures, jusque fort avant dans la nuit, sans que les magistrats de la ville se missent en devoir de l'empêcher.

Saint Augustin, aussitôt qu'il eut appris cet événement, se rendit à Calame pour consoler les chrétiens qui en avaient souf-

fert, et apaiser le ressentiment qu'ils pouvaient en avoir conçu.
Les païens voulurent aussi le voir, et demandèrent à lui parler :
quand ils eurent été admis en sa présence, ils le supplièrent
d'intercéder pour eux près de l'empereur. Saint Augustin leur
répondit que le seul moyen de détourner d'eux l'orage qu'ils
avaient attiré sur leurs têtes, c'était de se faire chrétiens : que,
du reste, les évêques chrétiens étaient décidés à réclamer contre
les coupables une punition qui prévînt à l'avenir de tels excès,
sans néanmoins passer les bornes de la douceur chrétienne,
dont le but n'est pas la vengeance, mais l'amélioration des coupables.

Mais les révolutions du palais impérial (408) qui eurent lieu
à cette époque et les changements dans l'administration de
l'Afrique, qui en furent les conséquences, firent oublier l'affaire
de Calame : le premier ministre, Stilicon, et les principaux of-
ficiers de l'empire avaient été tués par les soldats révoltés. Les
païens et les hérétiques prétendirent que tous les édits publiés
contre eux pendant le gouvernement de Stilicon étaient abolis
par le fait de sa mort, et ils recommencèrent de tous côtés leurs
menaces et leurs violences contre les prêtres et les évêques catholiques. Le concile de Carthage, touché de cet état insupportable, députa vers l'empereur deux prélats, chargés d'exposer
à ce prince les maux de l'Eglise d'Afrique, et de le supplier d'y
porter remède. Saint Augustin, de son côté, écrivit à Olymde,
gouverneur de l'Afrique, qui résidait en ce moment à la cour.

L'empereur Honorius s'empressa de répondre à des sollicitations aussi respectables, et, le 24 novembre 408, il publia un
édit dans lequel il porta la peine de mort contre quiconque
porterait atteinte aux droits de l'Eglise catholique (1). Il déclara
en outre que désormais les catholiques seraient seuls aptes à
remplir des fonctions publiques (2), et que seuls ils auraient le

---

(1) Code Théodosien, XVI, 3.
(2) Code Théodosien, XLI, 3.

droit de s'assembler pour célébrer les cérémonies de leur culte (1).

La rigueur de ces lois dépassait de beaucoup les vœux de saint Augustin ; aussi, dès qu'il en eut connaissance, écrivit-il au proconsul d'Afrique, pour le prier de ne les point appliquer dans toute leur rigueur ; et, lui donnant, à l'appui de sa cause, non-seulement les raisons que lui inspirait sa charité évangélique, mais encore celles qu'il croyait le plus capables de toucher un administrateur : il lui représenta que si l'on sévissait avec trop de sévérité contre les hérétiques et les païens qui commettaient quelque violence envers l'Eglise catholique, les prêtres et les évêques qui auraient été victimes de ces violences n'oseraient s'en plaindre, de peur d'être la cause de la mort des coupables ; ce qui rendrait inefficaces les mesures que le gouvernement avait prises pour faire cesser les désordres dont l'Afrique était depuis si longtemps le théâtre (2).

Ces soins, si touchants d'ailleurs, étaient superflus : l'administration impériale, comme tout ce qui est faible, pouvait se montrer violente, mais était incapable d'un acte soutenu d'énergie. La loi d'Honorius fut si peu observée que, trois mois après qu'elle avait été rendue, elle eut besoin d'être confirmée, et qu'une année ne s'était pas écoulée qu'elle était abrogée.

Mais les malheurs de l'Afrique n'étaient rien en comparaison de ceux dont était affligé le reste de l'empire d'Occident : depuis deux ans la Gaule était sans défense, en proie à une infinité de barbares qui la couvraient de sang et de ruines ; quant à l'Italie, depuis la mort de Stilicon, le dernier boulevard de l'empire, Alaric, roi des Goths, la parcourait en tous sens, le fer et le feu à la main. Deux fois il avait assiégé Rome : la première fois, la Ville éternelle s'était rachetée du pillage en ti-

---

(1) Code Théodosien, XLV.
(2) Lettres 127 et 329.

vrant l'or de ses idoles ; la seconde fois, en recevant un empereur de la main des barbares. Cet homme, nommé Attale, décoré par Attila d'un lambeau de pourpre, envoya quelques troupes pour se saisir de l'Afrique ; mais elles périrent toutes, grâce aux sages mesures prises par le comte Héraclien, qui était alors gouverneur de cette vaste province ; ce magistrat fit en même temps fermer tous les ports soumis à son autorité, ce qui réduisit Rome à une famine extrême, et fit écrouler le trône fragile de son fantôme d'empereur. Cependant Honorius, enfermé dans l'imprenable ville de Ravenne, ne prenait aucun souci des maux de ses sujets ; il n'en prenait du reste pas davantage de la conservation de sa couronne, et, au lieu de songer à la défendre contre Attale, il se préparait à fuir en Orient et à abandonner son trône, quand il apprit que la famine avait fait justice de son compétiteur.

Les barbares avaient pénétré jusqu'en Espagne, et s'y étaient déjà établis. Les solitudes de l'Egypte n'étaient plus même un asile ; des hordes sauvages en avaient troublé les paisibles retraites ; les monastères en avaient été détruits, et leurs pieux habitants avaient été égorgés (1).

Chose étrange ! au milieu de tous ces maux, Rome était redevenue presque païenne. En voyant la fortune de l'empire chanceler avec celle de leur antique religion, les Romains attribuèrent leurs maux à la vengeance des dieux qu'ils avaient abandonnés. Ils revinrent donc à leurs idoles ; toutes les cérémonies défendues par les lois de Gratien, de Théodose et d'Honorius reparurent publiquement. Le préfet de Rome fit venir les aruspices toscans, et, le jour de son installation, le dernier consul, par une vaine parodie, ressuscita les cérémonies augurales (2).

_____

(1) Saint Augustin, Lettre 122.
(2) M. Villemain.

Alaric vint bientôt mettre un terme à ces tristes réminiscences : cette même année, en 410, Rome fut prise d'assaut par
ses troupes, et désolée par le meurtre et le pillage ; il n'y eut
d'asile que dans les églises chrétiennes : les païens mêmes s'y
réfugièrent.

La manière dont cette calamité fut ressentie par tous les
peuples chrétiens, dit M. Villemain, est un des traits mémora-
bles de cette époque. Beaucoup de familles illustres avaient fui,
emportant avec elles, en Afrique et en Asie, le récit et l'image
de ce grand désastre ; mais le monde, ce monde romain composé de vaincus, apprit cette nouvelle avec une sorte de joie.
Le génie chrétien, secondant la vieille jalousie des nations,
triomphait de voir tomber la ville enivrée du sang des
martyrs.

On aperçoit ce sentiment à travers l'éloquente pitié qu'exprime l'évêque d'Hippone dans plusieurs discours prononcés à
cette occasion. Cependant une grande récrimination s'élevait de
la part de tous ceux qui n'étaient pas chrétiens : ils reprochaient au christianisme la dernière catastrophe de l'empire ;
ils rappelaient les anciennes prospérités de Rome sous le culte
des dieux. Saint Augustin, qui recevait en Afrique, avec la
plus grande charité, les victimes échappées du sac de Rome,
voulut, il nous l'apprend lui-même, répondre à ces reproches
par un grand ouvrage d'histoire et de philosophie.

Mais avant de l'entreprendre, et de peur sans doute qu'une
telle réponse, en se faisant trop attendre, ne perdît le mérite de
l'à-propos, et n'eût point d'ailleurs toute la publicité désirable,
il aborda ce sujet dans ses sermons. Il réfuta les accusations
des païens, en faisant voir que c'était à leurs vices et à leurs
mœurs dépravées que les Romains devaient attribuer leurs
malheurs, et non point à la vengeance impuissante des dieux,
qui n'étaient que des démons, ou les créations de la pensée de
l'homme. Le saint finissait ensuite en exhortant ses auditeurs à
proportionner, autant qu'ils le pouvaient, leur charité aux
maux de leurs frères fugitifs et aux secours dont ils pouvaient

avoir besoin. « Que les chrétiens, disait-il, laissent les paiens blasphémer dans leur malheur, fassent ce que Jésus-Christ leur ordonne. »

Les paiens n'en renouvelaient pas moins leurs récriminations ; ce qui forçait saint Augustin à revenir, de son côté, sur ce sujet et à leur répondre. Ils lui reprochaient alors de se complaire dans ce sujet, de le traiter sans cesse, et d'insulter ainsi aux malheurs de Rome, en parlant sans cesse (1).

On ne saurait, quand on lit les écrivains de ce temps, se défendre d'un sentiment d'étonnement profond, en voyant qu'au sein des maux effroyables qui fondent sur eux de toutes parts, dans cette tempête de sang et de feu qui les emporte, les révolutions politiques n'obtiennent que la moindre part de leur attention : les discussions religieuses, les schismes, les hérésies, la chute du paganisme, les occupent beaucoup plus que la chute de l'empire romain. Comme des soldats qui, au milieu d'une bataille, tandis que la mort moissonne à leurs côtés leurs compagnons et les menace sans cesse, causent de leur patrie, des lieux paisibles qui les ont vus naître, de leurs vieux parents, de leurs affections, des honneurs et des récompenses qu'ils comptent obtenir, les hommes du v° siècle, tandis que sur la terre tout meurt ou s'écroule autour d'eux, ne pensent et ne s'intéressent qu'aux affaires du ciel, aux intérêts de l'autre vie. Le regard tourné vers une autre patrie, ils sentaient moins vivement les maux de celle-ci.

Un seigneur de Rome nommé Pinianus, jeune et immensément riche, avait fui de cette ville avec sa femme, Mélanie, et plusieurs personnes de sa famille, et se retirant successivement devant le torrent de l'invasion des barbares, était venu en Afrique, à Tagaste. Sa famille et lui firent don à l'église de cette ville d'ornements précieux et de fonds de terre ; ils bâti-

---

(1) Voir le Sermon 105.

rent et dotèrent deux monastères, l'un pour quatre-vingts reli
gieux, et l'autre pour cent trente religieuses.

Mais ils ne demeurèrent pas longtemps à Tagaste : ils étaient
venus en Afrique pour y voir saint Augustin ; ils se rendirent
donc, le plus tôt qu'ils purent, à Hippone. Pinianus craignait
que le peuple de cette ville ne l'obligeât de se faire prêtre, pour
que, selon les lois de l'Eglise en ce temps, il fît cession de tous
ses biens à la basilique et aux pauvres d'Hippone. Il fit donc
promettre d'avance à saint Augustin qu'il ne l'ordonnerait pas
prêtre malgré lui, et qu'il ne l'exhorterait même point à embrasser le sacerdoce.

Il ne s'était point trompé dans ses appréhensions. Un jour
qu'il se trouvait dans la basilique d'Hippone au moment où
saint Augustin et saint Alype y faisaient une instruction aux
catéchumènes, le peuple interrompit leurs discours en demandant à grands cris que Pinianus fût fait prêtre. Saint Augustin
se leva de son siège, et, après avoir attendu que ces cris se fussent un peu apaisés, il dit à la foule qu'il avait promis à Pinianus de ne point l'ordonner malgré lui, et qu'il renoncerait
plutôt à l'épiscopat que de se rendre en quoi que ce fût complice de la violence qu'on voulait faire à son hôte à cause de
ses richesses. Après ces mots, il s'en retourne vers son siége,
qui était sur une estrade, auprès de laquelle Pinianus et sa
jeune femme, Mélanie, s'étaient retirés dès le commencement
du tumulte.

Surpris et déconcerté d'abord par la réponse du saint, le
peuple, comme un feu que le vent a d'abord un peu comprimé,
commença bientôt à s'agiter avec plus d'ardeur, pensant ou
qu'il forcerait saint Augustin à manquer à sa promesse, ou que,
s'il y persistait, on pourrait faire ordonner Pinianus par un
autre évêque. Mais saint Augustin, s'adressant aux plus considérables d'entre les assistants, qui étaient montés sur les degrés de son estrade, leur répondit qu'il ne manquerait point
au serment, et que, d'autre part, les canons des conciles de
l'Afrique s'opposaient à ce que Pinianus fût ordonné, à Hip-

pone, par un autre évêque que par celui du diocèse, à moins
que ce ne fût du consentement de celui-ci ; ce qui n'aurait pas
lieu, attendu qu'il ne s'y prêterait jamais. Il leur représenta,
en outre, qu'ordonner Pinianus malgré lui, ce serait le
meilleur moyen de lui faire quitter le diocèse dès qu'il serait
ordonné.

Ceux qui étaient auprès de saint Augustin, et qui avaient
entendu ces raisons, en reconnurent la justesse et s'y rendirent;
mais la foule, qui ne les avait point entendues, et qui entourait
l'estrade un peu en arrière de ses chefs, continuait à pousser
des cris avec un bruit horrible, et, persévérant dans sa volonté,
mettait ses chefs dans un grand embarras. Elle devenait mena-
çante, et, dans ses paroles, ne respectait même plus le caractère
de ses pontifes, accusant saint Alype d'avoir, dans des vues
d'intérêt, privé, détourné Pinianus de s'établir dans le diocèse
d'Hippone.

Le tumulte devenait inquiétant, et il y avait lieu de craindre
quelques-uns de ces hommes perdus et avides de troubles, que
l'on trouve dans toutes les émeutes populaires, ne profitassent
de cette occasion pour se livrer à la violence et au pillage.
Saint Augustin souffrait cruellement, non pour lui-même, mais
pour saint Alype et pour Pinianus et sa jeune femme, qui se
trouvaient là au milieu d'une populace en fureur, que ni la
sainteté du lieu, ni le caractère vénérable des pontifes, ni les
droits de l'hospitalité, ne pouvaient arrêter dans ses excès. Il
voyait, d'un côté, son ami et son collègue, Alype, exposé aux
injures et aux accusations calomnieuses de la foule, et, de
l'autre, Pinianus et Mélanie, qui se plaignaient de ce que le
peuple d'Hippone cherchait non un prêtre, mais un homme qui
lui distribuât de grandes richesses.

Il n'osait se retirer, dans la crainte que la foule, n'étant plus
retenue par la présence de son évêque, ne se livrât aux dernières violences. Pinianus, espérant le tirer d'embarras, lui dit
alors qu'il promettait de s'établir à Hippone si l'on voulait renoncer au projet de le forcer à s'engager dans les ordres. Saint

5..

Augustin, se flattant que cette nouvelle serait bien accueillie du peuple, lui demanda un peu de silence, et lui annonça la résolution de Pinianus. Mais il ne trouva pas tout l'accueil qu'il avait espéré : l'on murmura encore ; et les plus mutins, après avoir un instant délibéré entre eux, demandèrent que Pinianus s'engageât en outre, dans le cas où il voudrait entrer dans la cléricature, de ne se faire ordonner que dans l'église d'Hippone et de ne s'attacher à aucune autre. Pinianus y consentit, et, après quelque hésitation sur les termes dans lesquels serait faite la promesse, il s'engagea par serment. Le peuple répondit: *Dieu soit béni*, et demanda ensuite qu'il signât cet engagement. Pinianus y consentit encore. Il voulut aussi que les évêques et les prêtres présents apposassent leur signature à cet acte; et déjà saint Augustin avait commencé la sienne, lorsque Mélanie déclara s'y opposer, sans pourtant donner de raisons; de sorte que le paraphe du saint demeura imparfait.

La famille de Pinianus et de sainte Mélanie (1) se plaignit d'autant plus amèrement de cette violence qu'on leur avait faite, que, dans le premier moment, elle n'en fut informée que d'une manière fort inexacte. Elle écrivit à ce sujet à saint Augustin. Le saint lui répondit, et se justifia en lui racontant les choses telles qu'elles s'étaient passées ; et c'est par sa lettre (2) que le récit fidèle de cet événement si caractéristique nous est parvenu.

Saint Augustin obtint, du reste, du peuple d'Hippone, qu'il déchargeât Pinianus du serment qu'il lui avait arraché; car, après avoir vécu sept ans en Afrique, avec sa femme, sainte Mélanie, d'une manière admirable, et dans les exercices de la piété, il partit pour l'Orient, où il vit saint Jérôme. Ces affaires

---

(1) Mélanie fut admise par l'Eglise au nombre des saintes dont elle honore la mémoire.

(2) Lettre 225, saint Augustin à Albine, mère de Pinianus.

avaient néanmoins beaucoup chagriné saint Augustin, au point qu'il manifesta le désir de renoncer à l'administration des biens de l'Eglise.

Un événement plus important, qui se préparait alors, vint le distraire de ses peines : un grand concile de tous les évêques catholiques et donatistes s'assemblait à Carthage, pour y traiter et y décider, s'il était possible, la question du schisme. Les prélats catholiques s'y rendirent isolément et sans pompe. Les donatistes entrèrent, au contraire, dans Carthage en procession et avec un éclat extraordinaire. Aucun de leurs évêques n'y manqua, leur primat leur ayant ordonné de tout quitter pour y venir : ils s'y trouvèrent donc au nombre de deux cent soixante-dix neuf; des quatre cent six évêques catholiques que l'on comptait en Afrique (1), deux cent quatre-vingt-six assistèrent à la conférence.

Les donatistes firent d'abord de grandes difficultés sur les questions d'ordre; lorsque, par leur esprit de conciliation, les catholiques les eurent aplanies, on aborda les questions de fond. Les évêques catholiques publièrent, dès le début, une déclaration par laquelle ils s'engageaient à se démettre de leur dignité pontificale, si les donatistes parvenaient à les convaincre d'erreur; dans le cas contraire, les évêques catholiques et les donatistes conserveraient également leur dignité; mais dans les villes où il se trouverait à la fois un évêque catholique et un évêque donatiste, celui-là jouirait de la préséance; à la mort de l'un des deux, le survivant administrerait désormais seul le diocèse.

« Pouvons-nous, dit à ce sujet saint Augustin, hésiter d'offrir ce sacrifice d'humilité au Sauveur qui nous a rachetés? il est

(1) Saint Augustin, Abrégé des Actes de la Conférence de Carthage. Quelques éditions du texte même de ces Actes portent le nombre des évêques catholiques à 506 : il y avait, en outre, à cette époque, environ 60 siéges vacants.

descendu du ciel et a pris un corps semblable au nôtre, afin
que nous fussions ses membres, et nous hésiterions à descendre
de nos chaires pour ne pas laisser ses membres déchirés par
un schisme cruel?... Si nous sommes évêques, c'est pour le
service du peuple chrétien. Usons donc de notre épiscopat pour
qu'il soit le plus utile possible au peuple chrétien, pour y établir l'union et la paix de Jésus-Christ. Il est notre maître, et, si
nous désirons son avantage, nous ne devons point regretter
qu'il fasse un gain éternel au profit de nos honneurs éphémères.
Il vaudra bien mieux pour nous que, en quittant la dignité
épiscopale, nous réunissions le troupeau de Jésus-Christ que
si, en la conservant, nous le dispersons. »

« Il faut, mes frères, dit-il encore dans un sermon fait à
cette occasion, que je vous fasse part d'une chose bien agréable
et bien consolante qui nous est arrivée par la miséricorde de
Dieu. Avant la conférence, nous nous rencontrâmes un jour
quelques évêques ensemble, et nous entretînmes de cette vérité : Que c'est pour la paix de Jésus-Christ et pour le bien de
l'église qu'il faut être évêque, ou cesser de l'être. Je vous avoue
qu'en jetant les yeux sur nos confrères, nous n'en trouvions
pas beaucoup qui nous parussent disposés à faire ce sacrifice
d'humilité au Seigneur. Nous disions, comme cela se fait ordinairement dans ces circonstances : Celui-ci en serait capable,
celui-là ne le serait pas ; un tel s'y prêterait, un tel autre n'y
consentirait jamais ; et en cela nous suivions nos conjectures,
ne connaissant pas d'ailleurs quelles étaient leurs dispositions
intérieures. Mais quand on vint à le proposer dans le concile
général, qui était composé de près de trois cents évêques (catholiques), tous l'agréèrent d'un consentement unanime, et s'y
portèrent même avec ardeur, prêts à quitter l'épiscopat pour
l'unité de Jésus-Christ, et croyant non le perdre, mais le
mettre plus sûrement en dépôt entre les mains de Dieu
même (1). »

---

(1) Augustinus, de Gestis cum Emerito.

Les donatistes n'acceptèrent aucune de ces propositions.

Cependant saint Augustin prêchait dans la basilique de Carthage, et prêtait à la cause de la paix le secours puissant de son éloquence.

« Quant à vous, mes frères, disait il au peuple, qu'avez vous à faire dans cette circonstance? Ce que la piété a peut-être de plus grand et de plus important. Nous parlerons et nous discuterons pour vous; et vous, priez pour nous. Fortifiez vos prières par les jeûnes et les aumônes. En travaillant ainsi pour la cause de l'Eglise, vous nous servirez peut être plus que nous : car personne de vous ne s'appuie sur ses forces pour réussir dans cette discussion, et toute notre espérance est en Dieu seul. »

Mais les donatistes, soit qu'ils redoutassent la discussion, soit qu'ils voulussent gagner du temps pour mieux s'entendre entre eux, au lieu d'entrer dans le fond de la question, ainsi qu'on en était convenu, soulevèrent de nouveau toutes sortes de difficultés préalables, et consumèrent ainsi un temps précieux.

Un incident amena enfin le concile sur le véritable terrain : les donatistes présentèrent un mémoire où ils exposèrent leurs opinions sur l'Eglise; saint Augustin le réfuta par écrit, et article par article.

Dès le début de la discussion, ils firent de grandes concessions sur les questions de dogme; mais ils ne les firent ni complètes ni franches; et même, après plusieurs conférences, ils revinrent sur leurs premières assertions, les nièrent, et s'efforcèrent d'embarrasser la discussion dans un dédale de subtilités et de digressions oiseuses.

Aussi le magistrat qui, au nom de l'empereur, et du consentement des deux partis, avait présidé toutes ces conférences et était chargé d'en rendre compte à son souverain, indigné de leur mauvaise foi, les condamna, en déclarant qu'ils avaient été convaincus d'erreur et réfutés sur tous les points par les catholiques.

Saint Augustin avait été l'âme et la lumière de cette grande
assemblée : il y brilla par une douceur, une clarté, une beauté,
une force et une solidité d'esprit que les Pères du concile ne
pouvaient se lasser d'admirer, et qui faisaient le désespoir des
donatistes. Dès que quelque question importante était soulevée,
tous les regards se portaient vers lui comme vers le point d'où
devait venir la lumière. Les donatistes, découragés par un aussi
redoutable adversaire, refusèrent, à plusieurs reprises, de continuer à discuter contre lui : les discussions, disaient-ils, ne
conviennent point à la religion chrétienne ; Augustin n'est d'ailleurs qu'un disputeur, qu'il faut éviter et fuir, mais qu'on ne
peut ni réfuter ni vaincre. »

« Vous traitez, leur répondait le Saint, d'amour de la dispute
et vous me reprochez mon désir de combattre pour la vérité,
parce que je vous ai souvent appelés à conférer avec nous dans
le but de dissiper l'erreur et de renouer avec vous, sous les
auspices de la charité, les liens d'une paix fraternelle (1). »

« Ceux de vos évêques, leur dit-il ailleurs, qui avaient été
choisis par les autres pour parler au nom de tous ont fait tous
les efforts, non pour soutenir votre cause, mais pour empêcher
qu'on ne traitât l'affaire pour laquelle tant d'évêques s'étaient
rendus à Carthage de toutes les parties de l'Afrique. Tout le
monde était dans une grande attente de ce que déciderait une
assemblée si nombreuse d'évêques, et les vôtres ne travaillaient
qu'à faire en sorte qu'elle ne décidât rien. Pourquoi cela ? N'est-
ce pas parce qu'ils étaient persuadés que leur cause était mauvaise, et que, si on l'abordait au fond, il nous serait aisé de les
confondre (2) ? »

Le concile fut présidé par Flavius Marcellinus, qui portait les
titres de *vir clarissimus*, de tribun et de notaire (ou plutôt se-

---

(1) Saint Augustin, contre Cresconius, IV
(2) Saint Aug., Lettres, 152.

crétaire) de l'empereur en Afrique. Il s'acquitta de la difficile
fonction de diriger les débats d'une telle assemblée avec un talent auquel les historiens contemporains ont tous rendu l'hommage le plus éclatant et le plus honorable. Il se montra d'une
impartialité parfaite, et surtout d'une patience inaltérable envers les donatistes, qui engageaient sans cesse la discussion
dans des digressions oiseuses et dans des subtilités inextri-
cables.

Il annonça, dans la sentence qu'il rendit contre eux, après
avoir entendu les deux parties, que désormais on exécuterait
rigoureusement les lois portées contre les donatistes, ce qu'on
n'avait point encore fait.

Ceux-ci en appelèrent à l'empereur ; mais Honorius rejeta
leur appel, et rendit contre eux des lois très-sévères ; il leur
imposa entre autres les amendes suivantes : les (donatistes)
*illustres* paieront cinquante livres d'or ; les *spectabiles*, quarante ; les sénateurs, trente ; les *clarissimi*, vingt ; les évêques,
trente ; les *principales*, vingt ; les décurions, les *negotiatores* et
les *plebei*, cinq ; les circoncellions, dix livres d'argent (1). Une
autre loi, portée deux ans plus tard, vint ajouter à ces rigueurs : Honorius ordonna que les donatistes seraient désormais exclus de toute assemblée publique ; que leurs églises seraient confisquées, leurs prêtres frappés de mort civile et exilés
dans les îles ; ceux qui leur donneraient asile seraient passibles
des mêmes peines ; et enfin les amendes furent portées à un
taux beaucoup plus élevé.

Un laïque présida, comme on l'a vu, au nom de l'empereur,
la conférence de Carthage, et l'empereur fut juge en dernier
ressort de toute l'affaire. Il n'y a pas lieu de s'en étonner : le
pouvoir impérial était tout aussi intéressé dans la question qui
se débattait dans cette assemblée que l'Église elle-même ; celle-

---

(1) Voir Code Théodosien, LII, 30 janvier 412.

ci, d'ailleurs, qui désirait cette conférence et qui l'avait sollici-
tée en vain ; endant huit ans, n'avait aucun moyen de contrain-
dre les donatistes à s'y rendre; elle avait dû s'adresser, à cet
effet, à l'empereur, qui se trouva ainsi saisi de l'affaire. Les deux
parties se prétendaient persécutées l'une par l'autre, et invo-
quaient également la protection du prince ; elles le constituaient
par-là leur juge dans leurs débats : de là la présidence de Marcellin. Celui-ci était d'ailleurs cher aux catholiques et digne en
tout point de la mission délicate qui lui était confiée. Les donatistes qui l'avaient, comme les catholiques, accepté pour prési-
dent de la conférence, le calomnièrent après qu'il eut rendu une
sentence qui leur était défavorable ; on verra ci-dessous qu'ils
poussèrent la vengeance encore plus loin. Ce Marcellin est le
même auquel saint Augustin a fait l'honneur de dédier son
grand ouvrage de la Cité de Dieu; ce Père en parle d'ailleurs en
plusieurs endroits de ses ouvrages dans les termes les plus flatteurs (1).

La conférence de Carthage ne laissa pas que d'avoir des résultats avantageux : un grand nombre de donatistes et même de
circoncellions, éclairés enfin et scandalisés par l'évidente mauvaise foi de leurs chefs, se convertirent. Les circoncellions qui
rentraient dans l'Eglise quittaient leur vie vagabonde et licen-
cieuse, et s'occupaient de nouveau de l'agriculture et des arts,
qu'ils avaient abandonnés.

Les édits d'Honorius exaspérèrent ceux des donatistes qui
persévérèrent dans le schisme : c'est alors qu'ils poussèrent
leurs violences aux derniers excès, et que, entre autres crimes
qu'ils commirent, ils tuèrent, comme on a pu le voir plus haut,

---

(1) Voir, sur le concile de Carthage, Gesta Collationis carthaginensis,
publié pour la première fois, par J. Tilius, évêque danois, et François
Baudoin, et imprimé, avec tous les documents qui concernent l'Histoire
du Donatisme, à la suite de l'édition des Œuvres de saint Optat, publiée
par Ellies Du Pin, Paris, 1700, in-folio.

saint Restitute, et remplirent l'Afrique de meurtres et de pil-
lages.

Saint Augustin, poursuivant ses travaux apostoliques, ne
cessait de les exhorter, dans ses écrits et dans ses discours, à
rendre la paix à leur patrie, en rentrant dans l'unité de l'Église.
Il assista, à cet effet, à un concile des évêques de la province de
Cirthe, où les donatistes étaient en majorité, et y parla avec tant
de force et d'onction contre le schisme qu'aussitôt après son départ presque tous les donatistes de Cirthe se convertirent et lui
écrivirent pour lui témoigner leur reconnaissance pour l'heureux changement qu'il avait opéré parmi eux, et pour le prier
de venir les visiter.

Le magistrat de la province d'Hippone avait fait arrêter un
donatiste, nommé Donat, dont les prédications avaient entraîné
beaucoup de personnes dans le schisme. On l'amena dans la
prison d'Hippone; mais, en route et dans sa prison, il essaya, à
plusieurs reprises, d'attenter à ses jours, soit en se frappant la
tête contre le sol, soit en se jetant dans un puits pour se
noyer.

Saint Augustin en fut informé; il alla le visiter et lui écrivit
une longue lettre pour le calmer et le ramener dans la bonne
voie. On ne sait jusqu'à quel point il réussit (1).

Une révolte qui arriva en Afrique en 413 vint prêter assistance
aux donatistes. Le comte Héraclien, qui gouvernait cette province, se souleva, rassembla trois mille vaisseaux, et fit voile
vers Rome (2); mais il fut défait par le comte Marin, et exécuté
à Carthage, où il avait cherché un refuge. Marin passa en Afrique pour y poursuivre les complices d'Héraclien : il paraît que
les donatistes, bien qu'ils eussent généralement trempé dans la
révolte, parvinrent à séduire Marin, et à en faire le ministre

(1) Saint Augustin, Lettre 204.
(2) Orose, VII, 42.

moins de la justice de l'empereur que de leurs haines et de leur vengeance. Ils en obtinrent l'ordre d'arrêter et d'emprisonner Marcellin et son frère, sous l'accusation de haute trahison : ils se vengeaient ainsi de ce qu'il avait rendu justice aux catholiques lorsqu'il présidait la conférence de Carthage. Tous les évêques d'Afrique, saint Augustin à leur tête, ainsi que tout ce qu'il y avait de personnes dignes de respect, intercédèrent en faveur de ces deux illustres prisonniers. Une députation fut envoyée à la cour, et Marin promit qu'il ne poursuivrait point leur procès jusqu'à ce qu'elle fût de retour, et eût apporté la décision de l'empereur. La réponse d'Honorius fut des plus favorables : il déclara qu'il n'entendait point faire grâce à ces illustres prisonniers, car c'eût été les reconnaître pour coupables ou au moins pour suspects ; mais qu'il allait envoyer au comte Marin l'ordre de les élargir sur-le-champ.

Cependant celui-ci n'avait point attendu cet ordre ; et tandis que saint Augustin et les autres personnes qui s'intéressaient aux prisonniers, se fiant sur sa parole, commençaient à se rassurer, on vint les prévenir qu'il avait fait comparaître Marcellin et son frère devant le tribunal. Saint Augustin s'empressa de s'y rendre; mais il avait à peine fait quelques pas qu'on le prévint que le jugement de Marin contre les deux prisonniers avait déjà été prononcé et exécuté incontinent (1). Quand Honorius eut appris la mort de Marcellin et de son frère, il entra dans une grande colère ; et, pour punir le comte Marin, il le dépouilla de tous ses titres et l'envoya en exil, l'abandonnant à sa conscience et à ses remords.

Les travaux de saint Augustin au sujet des donatistes n'absorbaient pas cependant tous ses instants : dans le même temps il combattait les autres hérésies qui surgissaient dans l'Eglise,

---

(1) L'Eglise a admis M  ellin au nombre des martyrs dont elle honore la mémoire.

poursuivait le cours de ses publications, et enfin donnait à son troupeau les soins apostoliques que sa dignité épiscopale lui imposait, et que sa charité lui inspirait.

Le pélagianisme s'était produit à cette époque, et, dès l'abord, saint Augustin s'en était occupé activement. Il le combattit d'abord dans ses sermons; plus tard, il l'attaqua et le réfuta dans des ouvrages spéciaux, comme nous le verrons plus bas. Les principaux ouvrages qu'il publia en ce temps, en dehors de la question du pélagianisme, furent ses trois livres *Sur le Baptême des enfants*, composés en 411, à la prière de saint Marcellin ; les livres *De l'Esprit et de la Lettre*, et enfin *l'Abrégé des Actes de la Conférence de Carthage*.

C'est en 412, (1) qu'il commença la *Cité de Dieu*, l'un des plus beaux et des plus importants monuments de l'antiquité chrétienne; il l'acheva en 427, trois ans avant sa mort.

Lorsque, en 410, Rome fut prise par Alaric, et que la plus grande partie du monde civilisé était en proie aux barbares, il s'éleva des clameurs contre la religion : les païens se prirent à dire que, depuis l'établissement du christianisme, la décadence de l'empire, abandonné par les dieux qui avaient fait sa grandeur, était de jour en jour plus visible et plus rapide, et s'accomplissait au sein de calamités de plus en plus effroyables. Saint Augustin répondit à ces plaintes dans ses discours, et, en 412, dans ses lettres à Volusien et à Marcellin. Mais celui-ci l'engagea à traiter ce sujet d'une manière complète dans un ouvrage spécial.

Après quelques hésitations, saint Augustin entreprit ce travail. Il en avait à peine jeté les premières bases qu'il le vit s'étendre sous sa plume et prendre des proportions toutes nouvelles : la question des plaintes des païens n'en fut plus qu'un accident; le vrai sujet, ce fut l'histoire et le développement de la

(1) Ou 413.

vie selon Dieu, de la *Cité des Hommes et de la cité de Dieu*. Ces Cités sont bâties par deux amours contraires : l'amour de soi , poussé jusqu'au mépris de Dieu, fait la Cité du monde; l'amour de Dieu, poussé jusqu'au mépris de soi, fait la Cité de Dieu. Cette distinction féconde est l'âme de l'ouvrage; car tout acte de la vie humaine se rapporte à l'un ou à l'autre de ces deux amours.

Voici le sommaire que saint Augustin a fait lui-même de son ouvrage dans le second livre de ses Rétractations (chapitre 43).

« Cependant Rome, envahie par les Goths, sous la conduite de leur roi Alaric, est prise et ruinée. Les adorateurs des faux dieux, que nous appelons païens, rejetant cette désolation sur la religion chrétienne, commencèrent à se répandre contre le vrai Dieu en plaintes plus amères et en invectives plus violentes que de coutume. Le zèle ardent de la maison du Seigneur me mit alors la plume à la main pour combattre leurs blasphèmes et leurs erreurs : j'aborde l'œuvre de la *Cité de Dieu*. Interrompu par de nombreuses affaires qu'il était impossible d'ajourner, et qui exigeaient une solution immédiate, ce grand ouvrage m'occupa plusieurs années. Enfin je terminai les vingt-deux livres qui le composent. Les cinq premiers réfutent ceux qui, attachant les prospérités temporelles au culte de tous ces dieux que les païens adorent, attribuent à la proscription de ce culte nécessaire les malheurs et les catastrophes de l'empire. Les cinq livres suivants s'élèvent contre ceux qui accordent, il est vrai, que ces malheurs n'ont jamais été et jamais ne seront épargnés aux mortels ; que, plus ou moins terribles, ils se reproduisent dans la diversité des temps, des lieux et des hommes ; mais qui soutiennent, d'autre part, l'utilité de ce culte et de ces sacrifices, dans l'intérêt de la vie future. Les dix premiers livres sont la réfutation de ces deux erreurs, ennemies de la religion chrétienne.

« Mais, pour prévenir le reproche d'avoir seulement combattu les sentiments d'autrui sans établir les nôtres, nous avons consacré les douze derniers livres à l'exposition de nos doctrines ; cependant cette division n'est pas tellement rigoureuse que, dans les dix premiers livres, il n'y ait pas, au besoin, exposition, et, dans les douze derniers, réfutation. De ces douze livres, les quatre premiers contiennent la naissance des deux cités : celle de Dieu et celle du monde ; les quatre suivants, leurs développements et leurs progrès ; les quatre derniers, leurs fins nécessaires.

« Et ces vingt-deux livres, traitant également des deux cités, empruntent cependant leur nom à la meilleure, et sont de préférence intitulés : *Livres de la Cité de Dieu.*

Les livres contenus sous le titre commun de la Cité de Dieu forment à peu près deux ouvrages distincts : le premier, tout de circonstance et qui se compose des dix premiers livres, se propose de réfuter les païens dans les deux reproches qu'ils adressaient à la religion. Ils soutenaient d'abord que les dieux, irrités de la propagation de la doctrine du Christ, de l'abandon de leurs autels et de la cessation des sacrifices, avaient retiré aux Romains et transmis aux armes des barbares cette assistance et cette protection qui avaient fait la fortune de Rome païenne. Saint Augustin réfute cette assertion en énumérant, avec une éloquence admirable, les maux qu'avaient eu à souffrir ces Romains dont on vantait la prospérité, sous la prétendue protection de leurs dieux : les dieux n'ont pas sauvé Troie ; ils n'ont pas préservé Rome des Gaulois, des Toscans ; ils n'ont pas sauvé Régulus ; ils n'ont pas arrêté les armes de Pyrrhus, d'Annibal. Où étaient-ils aux jours des carnages du Tésin, de Trasimène, de Cannes ; le jour où quatre-vingt mille Romains furent égorgés par Mithridate, lors des guerres et des proscriptions de Marius et de Sylla ? Alaric a-t-il été plus cruel que le vieux consul et l'heureux dictateur ? Et les guerres civiles de César et de Pompée, et les proscriptions d'Antoine et du jeune Octave, et la déroute de Crassus ; où étaient les dieux quand tous ces maux fondirent sur les Romains ? Jamais ils n'ont protégé les vaincus contre les vainqueurs.

« Ouvrez, dit saint Augustin (1), ouvrez les histoires de tant
de guerres, soit avant la fondation de Rome, soit depuis sa naissance et l'établissement de son empire ; lisez, et montrez-nous
des étrangers, des ennemis, maîtres d'une cité, épargnant ceux
qu'ils savent réfugiés dans les temples de leurs dieux ; montrez-
nous un chef barbare donnant l'ordre, la ville forcée, de faire
grâce à quiconque sera trouvé dans tel ou tel temple. Enée ne
voit-il pas « Priam, immolé sur l'autel, éteindre de son sang les
feux que lui-même a consacrés ! » Diomède et Ulysse ont
« égorgé les gardes de la citadelle, et saisissant la statue de la
déesse, ils osent de leurs mains sanglantes toucher ses chastes
bandelettes (2) !... »

« Voilà donc à quels dieux les Romains s'applaudissaient de
confier la tutelle de Rome ! O erreur digne d'une immense pitié !
Ces dieux, et quels dieux ! Virgile les déclare vaincus, et, pour
échapper au vainqueur, n'importe par quelle voix, confiés à un
homme ! et Rome sagement commise à de tels protecteurs ! et,
sans leur perte, sa ruine impossible ! Quelle folie ! Quoi donc !
honorer comme tuteurs et patrons ces dieux vaincus, qu'est ce
sinon vouer ses destinées plutôt à de néfastes auspices qu'à des
divinités bienfaisantes ? car n'est-il pas infiniment plus sage de
croire, non que Rome, en prévenant leur perte, eût conjuré sa
ruine, mais que leur perte l'eût précédée de long-temps si Rome
ne les eût généreusement placés sous la protection de sa puissance ?... Je reviens maintenant à mon discours, impatient de
flétrir d'un dernier mot l'ingratitude de ces blasphémateurs
imputant au Christ les maux que leur perversité souffre avec
tant de justice ; eux si indignes de pardon, et pardonnés pour
l'amour du Christ sans qu'ils y pensent ! eux dont l'arrogante
démence aiguise contre ce nom divin, ici, ces langues sacri-

---

(1) Cité de Dieu, I, 2, traduction de M. Moreau, Paris, 1843.
(2) Virgile, Enéide, II.

léges qui ont faussement usurpé ce nom pour les sauver de la
mort; là, ces langues pusillanimes, muettes naguère aux lieux
saints, sûrs asiles, inviolables remparts, les ingrats ! de la fureur de l'ennemi, et d'où ils ne s'élancent qu'ennemis furieux
et pleins de malédiction contre leur libérateur...

« Ainsi, ruines, meurtres, pillage, incendie, désolation,
tout ce qui s'est commis d'horreurs dans ce récent désastre de
Rome, la coutume de la guerre en est la cause. Mais ce qui s'est
rencontré d'étrange et de nouveau, la férocité des barbares devenue ce prodige de clémence qui choisit, qui désigne à la multitude les plus vastes basiliques comme l'asile où nul ne sera
frappé, d'où nul ne sera arraché, où les vainqueurs, plus hu-
mains, amèneront leurs captifs pour leur assurer la liberté,
d'où les vainqueurs, plus cruels, ne pourront les emmener pour
les rendre à l'esclavage, c'est au nom du Christ, c'est à l'ère chrétienne qu'il faut en faire honneur. Qui ne le voit est aveugle,
qui ne voit en silence est ingrat, qui s'élève contre les actions de
grâce est insensé. »

Cette longue et belle citation, empruntée à l'élégante et fidèle
traduction que M. Moreau a publiée récemment, aura pu donner
une idée suffisante du sujet de la première partie de la Cité de
Dieu. Dans les cinq livres suivants, le Saint aborde et traite la
seconde question: les dieux du paganisme, inutiles en ce monde
à leurs adorateurs, quand ils ne leur sont pas nuisibles par le
scandaleux exemple des infamies que la mythologie et les poètes
leur prêtent, leur sont tout aussi inutiles après cette vie.

De longs et savants détails sur la mythologie païenne, sur les
doctrines des poètes et des principaux philosophes de l'antiquité,
ainsi que l'analyse d'un grand ouvrage de Varron, entièrement
perdu, rendent cette seconde partie on ne peut plus intéressante, en même temps qu'elle a une extrême importance histo-
rique. Dans le zèle ardent qui l'anime pour la destruction du
paganisme, il le poursuit jusque dans ses derniers asiles, il dé-
voile ses misères, ses contradictions, ses honteux mystères ; il
le dépouille du manteau brillant dont l'avaient affublé les poè-

tes, et l'expose nu à la risée du monde, objet de mépris pour
ses propres croyants, et de dégoût non seulement pour le chrétien, mais pour toute âme honnête. Le tout est entremêlé d'a-
perçus lumineux pour le gouvernement temporel de la Providence; mais l'ordre et l'enchaînement des idées n'y sont pas
toujours aussi rigoureux qu'on pourrait le désirer. C'est tout un
monde de faits recueillis, avec une rare érudition, pour un même
objet ; mais la liaison en est souvent obscurcie par des détails
surabondants et par des digressions à la vérité toujours intéressantes, mais ne se rattachant parfois pas assez au fond du sujet.
La conception de l'œuvre est grandiose et magnifique; mais
l'auteur, absorbé dans le travail de sa pensée, ne se préoccupe
pas suffisamment de cette beauté qui fait le cachet des œuvres
antiques, et qui résulte de l'harmonie parfaite de toutes les
parties du monument. En un mot, la première partie de la
Cité de Dieu, admirable dans les détails, pèche un peu par
l'ensemble.

Les douze derniers livres renferment les deux histoires paral-
lèles des deux cités : elles commencent à la division des anges,
puis se poursuivent sur la terre et dans le ciel : sur la terre, où
les hommes se partagent en adorateurs du vrai Dieu et en adorateurs des faux dieux ; dans le ciel, dans la lutte des mauvais
anges contre Dieu, dans le mystère de la rédemption, dans
l'établissement de la religion, dans l'accomplissement de toutes
les prophéties. Il explique ce que c'est que la Cité céleste, c'est-
à-dire l'Eglise de Dieu, qui subsiste dans le ciel avec toute sa
gloire, et dont quelques fragments sont dispersés dans la Cité
terrestre. Presque toute la doctrine de saint Augustin se trouve
exposée dans ce livre, noble peinture de la religion chrétienne.
Elle y est présentée, comme dans tous les écrits du Saint, avec
une douceur pénétrante ; il semble toujours appeler les hommes
au bonheur et à la plénitude de l'âme, non seulement pour
l'éternité, mais encore pour cette vie. Il parlait d'après son expérience ; plein de passions et de scrupules, lui-même n'avait

pu trouver de calme que dans cet asile (1). Le livre de la *Cité de Dieu* est une de ces œuvres immortelles auxquelles les siècles, en quelque nombre qu'ils s'accumulent, n'enlèvent rien de leur gloire. Celle de cet ouvrage est impérissable, et les hommes de tous les siècles l'ont également salué de leur admiration. C'est qu'en effet l'on ne saurait trop admirer dans cette œuvre, profondément chrétienne et profondément philosophique, cet esprit de justice et d'équité qui plane si haut sur les événements de ce monde. En présence de ces égarements de l'esprit et du cœur de l'homme, égarements mêmes qui témoignent de ses immenses facultés de connaître et d'aimer, l'auguste écrivain n'exclut jamais le cœur ni la raison de l'homme. Il discute, il rectifie, il montre toujours la voie de la science et du salut. On sent même en lui une charitable compassion pour ces grandes âmes, pour ces hautes intelligences détournées de la vérité. C'est avec le style et l'âme d'un Romain de la république que le saint évêque retrace les malheurs et l'héroïsme de la vieille Rome. Et quand il s'élève contre les doctrines des disciples de Platon, il est impossible d'accorder davantage aux droits de la raison humaine, en combattant ses erreurs (2).

Macédonius, vicaire d'Afrique, après avoir lu les trois premiers livres de la Cité de Dieu, qui venaient de paraître, écrivit à saint Augustin :

« J'ai déjà lu vos livres ; car ils ne sont pas si froids et si languissants qu'on les puisse quitter quand on les a une fois commencés. Ils m'ont entraîné et m'ont tellement attaché à eux qu'ils m'ont fait oublier toutes mes affaires. Aussi je vous proteste que je ne sais ce qu'on y doit admirer davantage, ou ces maximes de religion si parfaites et si dignes de nous être enseignées par un pontife de Jésus-Christ, ou la science de la

_____

(1) M. de Barante, Mélanges, T. I.
(2) M. Moreau, Préface de la traduction de la Cité de Dieu.

philosophie, ou la profonde connaissance de l'histoire, ou une éloquence pleine d'agrément qui charme de telle sorte les ignorants mêmes qu'ils ne sauraient s'empêcher d'aller sans relâche jusqu'au bout ; et, quand ils ont achevé de les lire, ils voudraient qu'ils ne fussent pas encore finis. Vous y confondez l'impudence et l'opiniâtreté de ceux qui rejettent sur la religion chrétienne tous les malheurs qui arrivent dans le monde, et vous leur faites voir que, dans ce qu'ils appellent les temps heureux, il en est arrivé de plus grands, dont la cause est cachée dans l'obscurité des secrets de la nature ; que ceux qui ont eu le plus de prospérité dans ces temps-là ont été trompés par une douceur mortelle qui les a conduits non à la béatitude, mais au précipice ; et qu'au contraire les préceptes de notre sainte religion et les mystères du vrai et unique Dieu non-seulement conduisent à la vie éternelle ceux qui pratiquent les vertus dans toute leur pureté, mais qu'ils adoucissent encore tous les accidents par lesquels il faut que nous passions pendant notre séjour sur cette terre... Enfin ces livres sont si pleins d'esprit, de science et de piété, qu'on ne peut rien désirer au-delà. »

Charlemagne avait une prédilection toute particulière pour la *Cité de Dieu* : il la lisait et la relisait sans cesse, et en avait toujours un exemplaire près de son lit, comme Alexandre-le-Grand faisait d'Homère. Le premier traducteur français de cet ouvrage, Raoul de Praelles, avocat au parlement de Paris, fut magnifiquement récompensé de son travail par le roi Charles V, qui lui conféra la charge de maître des requêtes.

C'est chargé de l'imposante autorité de tous ces éloges prodigués par les siècles antérieurs, que le livre de la *Cité de Dieu* s'est présenté à la critique du XIXᵉ siècle : il n'en a pas subi l'épreuve moins heureusement ; et, sans parler encore de l'excellente traduction qui vient d'en être publiée, qu'il nous soit permis de rapporter ici le jugement que M. Villemain a porté sur cette œuvre de saint Augustin, et qu'il a rendu avec cette rare élégance, cette désespérante originalité et ce bonheur d'expression qui caractérise son style.

Après avoir dit que saint Augustin, qui recevait en Afrique, avec la plus généreuse charité, les victimes échappées du sac de Rome, voulut répondre aux reproches et aux plaintes des païens par un grand ouvrage d'histoire et de philosophie, M. Villemain ajoute : « C'est la *Cité de Dieu*, monument curieux d'érudition et de génie! vivant des deux civilisations qui précédaient le moyen âge, et qui mouraient en se combattant! »

« Les infatigables travaux de l'ambition, les conquêtes, la gloire, y sont jugés par l'abnégation chrétienne; c'est l'oraison funèbre de l'empire romain prononcée dans un cloitre. Quand un voyageur moderne passe à Rome, son imagination est assaillie par les plus grands contrastes des choses humaines : il voit des processions de moines dans le Forum; il entend de pieuses psalmodies près des lieux où parlaient Cicéron et César; il aperçoit sous la Rome nouvelle, pleine d'étrangers et d'oisifs, cette puissante et laborieuse Rome dont il ne reste que des ruines et des épitaphes; mais dans une révolution si prodigieuse, il entrevoit cependant la grandeur de cette domination spirituelle qui fut exercée par la Rome pontificale...

» Tel est presque le spectacle que l'ouvrage d'Augustin fait passer sous nos regards. Sans doute la marque du temps se trouve dans une foule d'arguments subtils ou de mystiques hyperboles; mais on y sent *cette première sève du christianisme* dont parle Bossuet; une ardente conviction anime tout l'ouvrage, et cette conviction est l'arrêt de mort de l'ancienne société. Il est peu de livres où l'on puisse découvrir plus de détails précieux sur les mœurs et la philosophie antiques; mais un plus grand objet vous saisit : on regarde cette cité céleste que la croyance des peuples subsistuait aux intérêts de gloire ou de patrie; on conçoit alors que l'empire devait périr, quand tout ce qui restait d'énergie morale dans le monde civilisé se tournait vers ces pieuses contemplations, et cédait l'univers aux barbares. »

La gloire de saint Augustin s'était répandue dans tout l'univers catholique, et partout son nom était associé à ceux des Ambroise, des Chrysostôme et des Athanase. Son influence religieuse était prodigieuse : il était l'oracle et la lumière de l'Église, et de toutes parts on s'adressait à lui, soit qu'il fallût réfuter les ennemis de la religion , soit qu'il fallût résoudre des questions délicates ou difficiles. Les hommes les plus éminents de l'époque étaient jaloux de correspondre avec lui, le consultaient et accueillaient son avis avec déférence. Ce privilège si flatteur, il le partageait, à la vérité, avec deux autres hommes qui, en parcourant des carrières différentes, s'étaient aussi fait un grand nom dans l'Église : c'étaient saint Paulin de Nole et saint Jérôme.

Né dans l'ingénieuse ville de Bordeaux, vers 353, Paulin sortait d'une maison sénatoriale, et remplit les premières dignités de l'empire. Contemporain et compagnon d'étude d'Ausone, il fut consul avec lui. Possesseur d'un riche patrimoine, il épousa l'une des plus opulentes héritières de l'Espagne, et réunit ainsi sur sa tête tout ce qu'un homme pouvait avoir de crédit, de richesse et de bonheur à cette époque. Il s'en dégoûta, reçut le baptême, et alla vivre en Espagne.

Son ami Ausone lui écrivit pour le rappeler au monde et aux lettres; mais Paulin ne lui répondit pas : c'était en vain que son ami surchargeait son style d'allusions mythologiques, et qu'il invoquait les noms d'Homère et de Virgile; il ne pouvait vaincre sa silencieuse froideur.

« O Muses, s'écriait-il, divinités de la Grèce ! entendez ma prière, et rendez un poëte aux Muses du Latium. »

Paulin répondit enfin, et même en vers : « Pourquoi, dit-il, ô mon père ! rappelles-tu en ma faveur les Muses que j'ai répudiées ? Ce cœur consacré maintenant à Dieu n'a plus de place pour Appollon et les Muses. Je fus d'accord jadis avec toi pour appeler, non pas avec le même génie, mais avec la même ardeur, un Appollon sourd dans la grotte de Delphes, et pour nommer les Muses des divinités, en demandant aux bois et aux montagnes ce don de la parole qui n'est accordé que par Dieu. Main-

tenant une autre force, un plus grand Dieu subjugue mon
âme. »

« Rien ne t'arrachera de mon souvenir, lui écrit-il dans une
autre occasion, et dans les transports d'une amitié ennoblie par
une espérance pure et céleste : pendant toute la durée de cet
âge accordé aux mortels, tant que je serai retenu dans ce corps,
quelle que soit la distance qui nous sépare, je te porterai dans
le fond de mon cœur. Partout présent pour moi, je te verrai
par la pensée, je t'embrasserai par l'âme, et, lorsque, délivré
de cette prison du corps, je m'envolerai de la terre, dans quelque
astre du ciel que me place le Père commun, là je te parlerai en
esprit, et le dernier moment qui m'affranchira de la terre ne
m'ôtera pas la tendresse que j'ai pour toi; car cette âme qui,
survivant à nos organes détruits, se soutient par sa céleste origine, il faut bien qu'elle conserve ses affections, comme elle
garde plus que son existence. Pleine de vie et de mémoire, elle
ne peut oublier; non plus mourir (1).

Il demeura quatre ans en Espagne, où il embrassa volontairement la pauvreté, et vendit peu à peu tous ses biens pour en
distribuer le prix aux pauvres. On assure même qu'il donna le
premier l'exemple de l'héroïsme de charité, qui a été depuis
renouvelé par saint Vincent de Paul, et qu'il se livra lui-même
en esclavage pour racheter le fils d'une pauvre veuve.

Il habitait Barcelone. Le peuple de cette ville, plein d'amira-
tion pour ses vertus, le fit ordonner prêtre le jour de Noël (393),

---

(1) *Traduction de M. Villemain :*

Meus quippe lapsis quæ superstes artubus
De stirpe durat cœliti,
Sensus necesse simul et affectus suos
Teneat æquè ut vitam suam :
Et ut mori, sic oblivisci non capit,
Perennè vivax et memor.

*(Œuvres de saint Paulin, t. II, p. 37.)*

quoiqu'il s'en défendit : « Non , dit-il, que je manquasse de goût
pour cette dignité, car, au contraire, je souhaitais d'entrer dans
le clergé par l'ordre de portier ; mais, comme je désirais m'établir ailleurs qu'à Barcelone, je fus surpris et étonné de ce nouvel
ordre de la Providence (1). »

L'année suivante, il se rendit en Italie, où il se lia d'amitié
avec saint Ambroise. Il se retira dans une maison de campagne
aux environs de Nole. Après y avoir passé seize ans avec sa
femme dans les exercices d'une piété ardente et de la vie la
plus austère, il fut élu et ordonné évêque de Nole (409). Il
mourut en 431.

Il entra en relation épistolaire avec saint Augustin par l'intermédiaire de saint Alype. Celui-ci avait envoyé plusieurs ouvrages de l'évêque d'Hippone : saint Paulin les lut avidement , et,
pour témoigner à saint Alype, autant que possible , combien il
était sensible à cet envoi, il lui adressa la Chronique d'Eusèbe,
ainsi que le pain que les personnes liées d'amitié avaient coutume, à époque, de s'envoyer, en signe d'union intime : *Vous
ferez*, lui dit-il , *une eulogie de ce pain* (c'est-à-dire qu'en le
recevant il le bénira), *et il deviendra un sujet d'abondante béné-
iction , par la charité avec laquelle vous le recevrez.*

Il écrivit en même temps à saint Augustin (394) pour lui dire
combien ses ouvrages lui avaient plu et pour lui demander quelques conseils. Une correspondance assez active s'établit dès-lors
entre les deux saints. Saint Paulin entra ainsi en relations d'a-
mitié avec les autres amis de saint Augustin, surtout avec Romanien et Licentius. Il s'efforça de ramener ce dernier à la foi
catholique ; mais on ne sait s'il fut plus heureux dans ses tentatives que ne l'avait été saint Augustin.

Saint Paulin publia plusieurs ouvrages en vers et en prose et
une cinquantaine de lettres: son style est élégant, clair, bien que

(1) Lettres de saint Paulin à Sulpice Sévère, Lettre I.

serré, très-correct pour le temps, mais un peu sentencieux. Il possède, du reste, l'art d'attacher le lecteur et de captiver son attention. Sur la recommandation de saint Jérôme, il avait étudié avec beaucoup de soin l'Ecriture sainte, et s'en était si bien pénétré qu'il en cite sans cesse des passages. Il excellait dans les portraits et dans les descriptions ; mais il n'a pas toujours su éviter la contagion du mauvais goût de son siècle : aussi trouve-t-on parfois, avec regret, dans ses écrits des pensées plus brillantes que justes et solides, des antithèses, des jeux de mots et des allusions puériles, en un mot les défauts de toutes les littératures en décadence.

Saint Paulin était plus remarquable par ses talents naturels que par son érudition. Il fut néanmoins estimé et chéri de tous les hommes éminents de son temps, de quelque parti qu'ils fussent, et il était en commerce épistolaire avec la plupart d'entre eux.

Ce fut encore saint Alype qui mit saint Augustin en relation avec saint Jérôme.

Il n'est point, dans les fastes du christianisme, parmi les noms des Pères de l'Eglise, un nom qui parle mieux à l'imagination que celui de saint Jérôme, toujours errant et solitaire, sans autre titre que celui de prêtre de Jésus-Christ ; loin des cours, des affaires, des grandes occasions de régner sur les sprits, il n'en exerça pas moins une influence immense sur son iècle. Du fond de sa solitude, il l'agitait, il le troublait au sein de ses joies éphémères, et chaque jour lui arrachait quelques-ons de ses plus beaux fleurons.

Né dans la Dalmatie, contrée alors demi barbare (vers 331), il fréquenta, pendant son enfance, les écoles des maîtres les plus célèbres de Rome. La passion des lettres profanes et des plaisirs emporta sa première jeunesse. Il voyagea dans les Gaules, et s'y lia d'amitié avec plusieurs hommes célèbres. Son attention se porta dès-lors sur les livres saints, qu'il étudia avec la même fougue qu'il avait fait les livres profanes. Ayant eu à se plaindre de quelques calomnies, il entreprit le voyage d'Orient. Il parcourut d'abord les grandes cités de l'Asie, en entendit les orateurs les plus célèbres, en visita les écoles, en fouilla les bibliothèques, en interrogea les docteurs ; et, las, mécontent, désillusionné, alla s'enfoncer dans un désert de la Syrie.

Il se prit bientôt d'amour pour sa retraite sauvage: les grandes scènes de la nature convenaient merveilleusement à cette puissante imagination. Il écrivit à ses amis et les engagea à venir partager son séjour. « O désert, toujours couvert des fleurs de Jésus-Christ ! dit-il à l'un d'eux. O retraite heureuse, où l'on converse familièrement avec Dieu ! Que fais-tu, mon frère, dans le siècle ? Jusques à quand habiteras-tu dans le cachot enfumé des villes ? »

Mais cette âme était plus tourmentée d'elle-même que du monde : et cette paix qu'il croyait avoir trouvée dans le désert était maintes fois troublée par de dangereux souvenirs. « Seul, dit M. Villemain, se refusant même l'étude, abandonné entre l'imagination et la prière, son âme éprouva des tourments qu'il a retracés avec une éloquence passionnée, mais si chaste que la vérité du tableau n'en peut altérer l'innocence. »

« Combien de fois, dit-il, retenu dans le désert parmi ces solitudes dévorées des feux du soleil, je croyais assister aux délices de Rome ! J'étais assis seul, parce que mon âme était pleine d'amertume. Mes membres étaient couverts d'un sac hideux. Mes traits brûlés avaient la teinte d'un Ethiopien. Je pleurais, je gémissais chaque jour. Si le sommeil m'accablait malgré ma résistance, mon corps heurtait contre une terre nue. Eh bien ! moi qui, par terreur de l'enfer, m'étais condamné à cette prison habitée par les serpents et les tigres, je me voyais, en imagination, transporté parmi les danses des vierges romaines. Mon visage était pâle de jeûnes, et mon corps brûlait de désirs. Dans ce corps glacé, dans cette chair morte d'avance, l'incendie seul des passions se rallumait encore Alors, privé de tout secours, je me jetais aux pieds de Jésus-Christ, je les arrosais de larmes. Je me souviens que plus d'une fois je passai le jour et la nuit entière à pousser des cris et à frapper ma poitrine, jusqu'au moment où Dieu renvoyait la paix dans mon âme. Je redoutais l'asile même de ma cellule : il me semblait complice de mes pensées. Irrité contre moi-même, je m'enfonçais dans le désert; et, si je découvrais quelque vallée plus profonde, quelque cime plus escarpée, là je me jetais en prière. Souvent, le Seigneur en est témoin, après des larmes abondantes, après des regards longtemps élancés vers le ciel, je me voyais transporté parmi les chœurs des anges, et, triomphant d'allégresse, je chantais : Nous accourons vers toi, attirés par l'encens de la prière (1). »

Il erra de désert en désert, jusqu'à ce qu'il s'arrêta enfin dans les ruines de Bethléem; et là, s'appliquant à l'hébreu, il se mit à traduire les livres saints, s'inspirant du spectacle même des lieux où ils avaient été écrits. Il se délassait de cette tâche difficile par la lecture des écrivains de Rome et de la Grèce païennes, mais sa piété jalouse s'effrayait de cette distraction : c'était à ses yeux un danger nouveau, une tentation de l'esprit, non moins redoutable que celle des sens : « Homme faible et misérable, dit-il, je jeûnais avant de lire Cicéron. Après plusieurs nuits passées dans les veilles, après les larmes abondantes que m'arrachait le souvenir de mes fautes, je prenais Platon. Lorsque ensuite, revenant à moi, je m'attachais à lire les prophètes, leur discours me semblait rude et négligé. Aveugle que j'étais, j'accusais la lumière !... Un jour, dit-il, je me crus transporté devant le tribunal du juge suprême, qui semblait entouré d'une si vive et si éblouissante clarté que, retombé sur la terre, je n'aurais pu jamais y fixer les yeux. Une voix me demanda qui j'étais : Je suis chrétien, répondis-je. — Tu mens, dit le juge suprême ; tu es cicéronien, et non pas un chrétien ; où est ton trésor, là est ton cœur. »

---

(1) Œuvres de saint Jérôme, t. IV, p. 80, traduction de M. Villemain.

Ailleurs il remarque avec satisfaction combien l'empire de la littérature profane s'était rétréci : « Quel homme , dit-il, lit maintenant Aristote ? Combien de gens connaissent les écrits ou même le nom de Platon ? A peine quelques vieillards oisifs qui les relisent dans un coin ; mais nos grossiers apôtres , nos pêcheurs d'hommes, sont connus, sont cités dans tout l'univers. »

Rappelé en Italie pour assister, à la suite du célèbre Epiphanes , évêque de Chypre, à un concile assemblé à Rome pour y régler les débats élevés sur l'élection de Flavien, évêque d'Antioche, il y reparut avec tout l'éclat que lui donnaient ses vertus et le grand travail qu'il avait entrepris sur les livres sacrés ; ses décisions y exercèrent un grand empire, et sa parole fut accueillie comme celle d'un docteur de la foi.

Il retrouva à Rome, dans la route des vertus les plus austères, quelques Romaines qu'il avait autrefois détachées de leurs grandeurs , des héritières des noms les plus glorieux de Rome, des filles des Scipions , des Marcellus , des Camilles, se consacrant aux œuvres de charité , et sacrifiant leurs trésors, leur beauté et leur jeunesse, pour secourir des malades et des pauvres , comme si, par une digne expiation , la Providence eût voulu faire sortir les plus humbles consolatrices de l'humanité du milieu de ces familles dont la gloire avait opprimé l'humanité (1).

Une descendante de Fabius , Fabiola, inspirée par les discours de saint Jérôme , consacra son immense fortune à fonder les premiers hospices que la charité ait élevés à Rome, et s'y dévoua elle-même au soin des malades et des pauvres.

Mais , tandis qu'il animait ainsi d'illustres Romaines aux vertus les plus austères, l'âpre vivacité avec laquelle il reprochait aux hommes vicieux le scandale de leur conduite suscita contre lui de grandes haines, que sa rude franchise ne dimi-

(1) M. Villemain.

nuait pas. Ses ennemis, pour s'en venger, employèrent contre
lui cette arme formidable de la calomnie, contre laquelle il n'y
a point de défense possible. Il dut céder, et retourner dans son
désert. Rien n'est plus touchant que les adieux qu'il fit, à cette
occasion, à l'une de ces femmes, plus sublimes encore qu'illustres, dont il avait mérité la pieuse confiance :

« Noble Asella, je vous écris à la hâte, au moment de m'em-
barquer, triste et les yeux pleins de larmes. Je rends grâces à
Dieu d'avoir été jugé digne d'être haï par les hommes. Insensé!
j'ai voulu chanter le cantique du Seigneur sur une terre étran-
gère, et, abandonnant le mont Sinaï, j'ai recherché le secours
de l'Égypte. J'avais oublié l'Évangile, qui nous apprend qu'au
sortir de Jérusalem, le voyageur est dépouillé, meurtri, laissé
pour mort. Mes ennemis ont jeté sur moi la honte d'un faux
crime. Mais je sais qu'à travers la bonne ou la mauvaise renommée, on arrive également au royaume des cieux. Saluez
Paule et Eustochie, qui sont toujours, en dépit du monde, mes
sœurs en Jésus-Christ. Saluez Albina leur mère, Marcella,
Marcellina, Félicité, et dites-leur : Nous serons tous un jour
devant le tribunal de Dieu, où chacun montrera la conscience
qu'il a eue pendant sa vie. Adieu, modèle de la vertu la plus
pure; souvenez-vous de moi, et par vos prières, apaisez les
flots sur ma route. »

Saint Jérôme fut en discussion ou en amitié avec tous les
hommes célèbres de son temps, et notamment avec saint
Augustin. Nous avons vu que ce fut par l'intermédiaire de
saint Alype que ces deux Pères entrèrent en relation l'un avec
l'autre (393). Saint Augustin lui écrivit le premier, et saint
Jérôme lui répondit par une lettre où il parlait contre Origène,
dont les doctrines hérétiques faisaient alors grand bruit en
Orient. Une correspondance, aussi active que le permettaient
les distances qui les séparaient, s'engagea alors entre eux. La
négligence et l'infidélité d'un des messagers de saint Augustin
faillirent, dès le début, être fatale à leur amitié naissante.
Saint Augustin avait écrit à saint Jérôme une lettre dans la-

quelle il combattait, avec la liberté d'un ami, quelques-unes
de ses opinions sur les points d'érudition ou de discipline.
Cette lettre fut lue en Italie, avant de parvenir à sa destina-
tion. Le bruit courut aussitôt que le saint évêque d'Hippone
avait écrit un livre contre saint Jérôme, et qu'il l'avait envoyé
à Rome. Saint Augustin, qui ne savait d'où ce bruit était
venu, s'empressa de se justifier près de son ami, et de
lui protester que, bien loin de vouloir le désobliger en quoi que
ce fût, il désirerait vivement ou demeurer avec lui, ou le consulter fréquemment par lettres. Il apaisa ainsi facilement l'im-
pression fâcheuse que ce bruit avait produite sur saint Jérôme;
mais, lorsque la lettre égarée parvint à ce Père, il ne put se
défendre d'une certaine irritation quand il se vit contredit dans
ses opinions par saint Augustin. Ce sentiment perce dans la
réponse qu'il fit à son ami (1). Celui ci s'empressa de le calmer
en lui écrivant une lettre où brille toute sa charité. Saint Jérôme, touché de ce procédé, lui répondit dans des termes pleins
de tendresse et d'affection ; et, revenant sans doute sur les
questions qui avaient fait l'objet de leur discussion, il les étudia
de nouveau, ce qui lui fit modifier sa première manière de
voir, et le ramena à celle de saint Augustin (2).

Un évènement tel qu'on en voyait alors beaucoup, mais qui
n'en était pas moins admirable, contribua puissamment à resserrer les liens d'amitié qui unissaient les deux saints. Une
jeune fille, la plus noble et la plus riche du monde romain, et
qui réunissait en elle le sang des familles Proba, Olybria
et Anicia, les plus illustres de l'empire, Démétriade, déjà
fiancée, renonça soudain à son fiancé et au monde pour
se consacrer tout entière à Jésus-Christ. Elle voulut, dit

---

(1) Œuvres de saint Jérôme, Lettre 91.
(2) Voir saint Jérôme, contre les Pélagiens, I, 8.

un historien (1), relever une famille où les consulats et toutes
les plus grandes charges de l'empire étaient ordinaires, par la
gloire de la virginité, à laquelle aucune autre de sa race n'avait
jamais osé aspirer.

Sa mère et les autres femmes de sa famille étaient, du reste,
d'une grande piété, à laquelle saint Jérôme et saint Augustin
ne peuvent assez rendre hommage. Elles étaient allées à Hippone uniquement pour y voir et y entendre saint Augustin ; et
les paroles du vénérable évêque avaient produit sur elles
un effet si salutaire que ce fut à la suite de ce voyage que
Démétriade embrassa la virginité. Saint Jérôme en fut informé par des familles qui avaient quitté la Gaule à cause
des ravages des barbares, et qui s'étaient retirées en Orient,
après avoir passé par l'Afrique et y avoir vu saint Augustin. Il
en fut transporté de joie.

Démétriade prit publiquement le voile dans la basilique de
Carthage. L'évêque Aurélius l'en couvrit, après avoir invoqué
le nom de Dieu, et, ajoute saint Jérôme, ce saint pontife eut la
joie de présenter à Jésus-Christ cette nouvelle épouse.

Probe et Julienne, la mère et l'aïeule de Démétriade, s'empressèrent d'envoyer à saint Augustin la nouvelle de la résolution de cette jeune vierge ; elles y joignirent un présent, en
signe de la solennité de la consécration, et pour lui témoigner
que c'était à ses exhortations et à ses enseignements qu'était dû
cet effet merveilleux de la grâce. Elles remirent à leur fille toute
sa dot, « afin, dit saint Jérôme, de ne point faire injure à
Jésus-Christ, en la lui donnant moins riche qu'elles ne l'eussent
fait à un époux mortel, et afin qu'elle employât en faveur des
serviteurs de Dieu ce qu'elle eût perdu dans les dépenses du
siècle. »

(1) Tillemont, Mémoires pour servir à l'Histoire Ecclésiastique, t. XIII,
. 620.

Le bruit de cette conversion se répandit rapidement dans tout l'empire, où il n'y avait point alors de famille plus illustre et plus populaire que celle de Démétriade, et y fut accueilli avec autant de joie que d'étonnement. Rome, à demi ruiné, oublia un instant ses désastres, et se réjouit comme si elle eût appris la défaite des barbares qui venaient de la saccager.

L'exemple de Démétriade fut contagieux dans sa maison et jusque dans l'Orient : encouragées par les éloges et la gloire qui lui étaient prodigués, beaucoup de jeunes filles, dont la condition sociale était bien inférieure à celle de cette vierge illustre, eurent, dit le Père auquel tous ces détails sont empruntés, la sainte ambition de partager avec elle la célébrité et les autres récompenses promises à la chasteté. Au lieu des lions, des tigres et des autres bêtes féroces ou curieuses que l'on envoyait à ses parents, lorsque, en leur qualité de consuls, ils étaient obligés de donner des spectacles au peuple, on envoyait à Démétriade, de toutes les parties de l'empire, de saintes jeunes filles, pour en faire une pieuse offrande à Dieu, et pour que son exemple les encourageât à persévérer dans la sainteté.

Ce fut peu de temps après cette conversion que saint Augustin écrivit pour Julienne le livre de la *Viduité* : son dessein, dans cet ouvrage, est d'instruire les veuves chrétiennes de leurs devoirs, et de les exhorter à embrasser avec ardeur la vie austère du veuvage.

L'admiration qu'avait excitée dans le monde romain l'action de Démétriade ouvrit, dit saint Ambroise, la bouche des plus grands hommes de l'Eglise, qui crurent ne pouvoir mieux employer les lumières que Dieu leur avait accordées qu'en l'instruisant et en le fortifiant dans son généreux dessein. Saint Jérôme lui écrivit entre autres ; il lui recommanda de s'attacher invariablement à la foi orthodoxe, à celle du souverain pontife, comme s'il eût prévu qu'elle serait exposée aux tentations des hérésiarques. Pélage lui écrivit en effet aussi, et mêla sa voix à celle des docteurs de l'Eglise. Son ouvrage, fort bien écrit, contient d'excellentes règles de piété. Mais saint Augustin, entre les mains de qui cette lettre tomba, y reconnut facilement les traces de l'hérésie de Pélage, bien que celui-ci se fût, avec beaucoup d'habileté, attaché à les dissimuler sous des expressions ambiguës. Il en avertit Julienne, qui l'en remercia et l'assura de sa fidélité et de celle de toutes les personnes de sa maison.

Démétriade y persévéra en effet pendant tout le reste de sa vie, qui fut fort longue. Lorsque, en 455, les Vandales eurent pillé Rome, saint Léon lui persuada de faire bâtir une église en l'honneur de saint Étienne, dans une terre qu'elle possédait à trois milles au nord de cette ville (1). Telle est la dernière mention que l'histoire nous ait conservée de cette illustre élève de saint Augustin. Il nous a semblé que, indépendamment de l'état religieux qui s'attache à ce récit, on nous en pardonnerait la longueur en faveur des détails intimes dont il abonde, et de la vérité avec laquelle s'y reflète, sous certains points de vue, l'éclat de la société romaine au IVe et Ve siècle.

Parmi les autres hommes célèbres de son temps avec lesquels saint Augustin fut en commerce d'amitié, outre saint Paulin et saint Jérôme, dont il a déjà été fait mention plus haut, il faut encore citer Lusitanien, de la province actuelle de Bragance (en Portugal) ; il se nommait Paul Orose, et était prêtre. Il eut la douleur de voir son pays en proie aux Vandales, aux Alains et aux Suèves. Ce ne fut qu'avec peine, dit-il, qu'il évita leurs bards; il adoucit leur rigueur par sa soumission, se précautionna avec sagesse contre leur perfidie, et échappa, par son adresse, aux pièges qu'ils lui tendirent.

L'Espagne était alors troublée encore par diverses hérésies, ce qui, dit saint Augustin (2), affligeait Orose encore plus que de voir sa patrie ravagée par les barbares. Plein de zèle pour la

_____

(1) Saint Léon, Lettres, no 331.
(2) Saint Augustin. Lettre à Orose, no 28 et 102.

défense de la foi orthodoxe, Paul Orose résolut d'aller demander à saint Augustin les lumières nécessaires pour combattre avec succès les hérétiques. Il se rendit donc en Afrique, non sans courir beaucoup de dangers, auxquels il assure qu'il n'échappa que par miracle (1).

· Saint Augustin lui fit tout l'accueil désirable, et composa pour son usage, un petit traité où il examine et réfute succinctement toutes les hérésies qui avaient alors le plus de cours en Espagne : c'était alors celle des origénistes et celle des priscillianistes, espèces de manichéens. Il y avait encore quelques autres points sur lesquels Orose l'avait interrogé; mais pensant que saint Jérôme serait plus apte à l'éclairer, il le lui adressa. Il profita de cette occasion pour écrire à ce saint deux traités en forme de lettres, où il lui expose ses vues sur l'origine de l'âme et sur un passage de l'Epître de saint Jacques. Mais saint Jérôme ne partagea point toutes les vues que saint Augustin émettait dans ces deux ouvrages : il ne voulut point cependant y répondre, parce qu'il était de l'intérêt de l'Eglise qu'ils ne parussent point divisés d'opinion, même dans les questions étrangères au dogme.

Arrivé en Orient, près de saint Jérôme, Orose demeura près de ce Père, vivant dans la retraite, d'où il ne sortait guère que pour se joindre, dans les jours de grande cérémonie, au cortége du patriarche de Jérusalem. Il avait trouvé saint Jérôme occupé, ainsi que l'était saint Augustin, de la polémique du pélagianisme. Lui-même assista à une conférence qui eut lieu à Jérusalem (28 juillet 415), et y soutint contre Pélage lui-même, qui y comparut en personne, les doctrines de saint Augustin et de toute l'Eglise catholique. Pélage prétendait que l'homme pouvait être aisément sans péché et garder les commandements de Dieu, pour peu qu'il le voulût fermement, et qu'il n'avait nul besoin, à cet effet, du secours divin de la grâce.

(1) Paul Orose, Histoire, liv. V, 1 ; III 10.

« C'est là, lui répondit Orose, ce que le concile d'Afrique a
détesté dans Céleste; ce que l'évêque Augustin a rejeté avec
horreur, comme vous venez de l'entendre; ce qu'il condamne
encore présentement dans la réponse qu'il fait aux écrits de
Pélage; ce que le bienheureux Jérôme, si célèbre par ses vic-
toires sur les hérétiques, a aussi condamné, et ce qu'il vient
de réfuter aujourd'hui (1). « Anathème, dit-il encore, sur celui
qui nie le secours de Dieu. »

Cependant, la question était fort obscure, et la discussion se
prolongeant sans beaucoup s'éclaircir, parce que, des assistants, les uns n'entendaient pas le grec, et les autres le latin,
et qu'ils étaient ainsi obligés de se servir d'interprètes, on résolut d'envoyer des lettres au pape Innocent, afin qu'il décidât
ce que l'on devait croire et de quel côté était l'erreur.

Le saint Père ordonna qu'un concile s'assemblerait en Orient
pour s'occuper de cette affaire. Il eut lieu à Diospolis. Pélage y
comparut, et justifia de sa bonne foi; il fut absous; mais la
doctrine qu'il avait enseignée jusqu'alors fut condamnée et
anathématisée. Il se montra bientôt indigne de l'indulgence
qu'il avait trouvée dans les Pères du concile. Il rétracta ses
désaveux, publia des écrits dans lesquels il altérait le texte
des décisions du concile, et faisait approuver par celui-ci précisément ce qu'il avait condamné.

Paul Orose revint en Occident avec le récit de tous ces événements, et chargé de lettres et d'écrits que saint Jérôme adressait
à saint Augustin. Dans l'un de ces écrits on trouve ces paroles
remarquables, qui font voir quelle opinion les plus célèbres
docteurs de l'Église professaient alors sur l'illustre évêque
d'Hippone :

« Puisque, dit saint Jérôme, Augustin, ce saint et éloquent
évêque, a résolu d'écrire contre Pélage, je me crois dispensé

(1) Paul Orose, Apologie.

désormais de ce soin, le considérant comme inutile. Car ou je
dirai la même chose que lui, et cela serait superflu; ou je dirai
autre chose, et alors je ne pourrais qu'être au-dessous de cet
esprit éminent, qui me préviendra toujours dans ce qu'il y aura
de meilleur à dire.

La tenue habituelle du concile d'Afrique coïncida avec l'époque du retour d'Orose en Afrique (juin 416) : les Pères, réunis
à Carthage, reçurent tous les documents qui concernaient
Pélage et sa doctrine. Ils décidèrent qu'il y avait lieu d'agir
sévèrement contre cette hérésie naissante; ils l'anathématisè-
rent, et, afin d'ajouter à l'autorité d'un concile provincial celle
du chef suprême de l'Eglise, ils envoyèrent leurs actes au pape,
afin qu'il leur donnât le caractère d'universalité, en y souscri-
vant en présence de toute l'Eglise catholique.

Saint Augustin reçut, dans cette occasion, un nouveau témoignage de l'estime de ses collègues : le concile le chargea de
rédiger sa sentence. Un autre concile, assemblé à Milève, prit
les mêmes dispositions que celui de Carthage, et chargea, en
outre, saint Augustin d'étudier la doctrine de l'Eglise sur la
question du pélagianisme et de l'exposer clairement dans un
ouvrage spécial.

En considération de cette tâche, et pour pouvoir s'en occuper
à loisir, il obtint de son peuple qu'on le laisserait en repos
cinq jours de la semaine, pendant lesquels on ne l'importune-
rait plus pour le jugement des affaires civiles. On dressa un
acte pour l'attester, et le peuple l'approuva avec acclamations.
On fut fidèle pendant quelque temps à cette convention; mais
bientôt la violence de ceux qui avaient besoin de lui l'emporta,
et on le tira malgré lui de sa retraite, pour le forcer de juger
des procès, et de quitter ses occupations chéries, pour traiter
des affaires des autres.

Peu de temps après (417), Orose lui dédia son *Histoire générale du monde*. Il l'avait entreprise à la prière de saint Augustin, qui désirait que cet ouvrage fût une sorte de complément
de la Cité de Dieu, et au moins qu'il fût composé dans le même

but, pour repondre aux païens, qui attribuaient la prise de
Rome et les malheurs de l'empire à l'abandon du culte de leurs
dieux. Orose s'attacha donc à recueillir dans les historiens de
l'antiquité le récit de tous les événements malheureux qui étaient
arrivés dans le monde, les guerres, les pestes, les famines, les
tremblements de terre, les débordements des rivières, les vol-
cans, et même les grands crimes; il en fit un corps d'histoire
afin de faire voir qu'il n'était point arrivé plus de ces malheurs
depuis la venue de Jésus-Christ qu'avant cette époque. Le livre
d'Orose comprend tous les temps qui se sont écoulés depuis le
commencement du monde jusqu'en 417.

On loue dans cet ouvrage le style concis, quoique coulant et
même éloquent; mais on reproche à Orose son peu de critique,
et de fréquentes erreurs en théologie. Ces défauts ne l'empêchèrent pas d'avoir un succès très-grand et durable. Les appro-
bations les plus flatteuses lui furent prodiguées, souvent de
fort haut. Le pape Gélase fit le plus grand éloge du livre d'Orose
dans le concile de Rome : « Et parce que, dit-il, il renferme
beaucoup de choses en peu de mots, et parce qu'il nous est fort
utile contre les calomnies des païens. »

Quant au projet pour lequel Orose avait quitté l'Espagne, il
ne put jamais l'accomplir : le désordre n'avait fait que croître
dans cette malheureuse province, et les ravages des barbares
avaient fait taire un instant toutes les dissensions religieuses.
Orose ne put même jamais y retourner. Il paraît cependant qu'il
se rendit à Magone, dans l'île de Minorque, et qu'il y apporta
des reliques de saint Étienne. Ce sont là les derniers renseigne-
ments qui nous soient parvenus de lui.

La lutte de l'Église contre les pélagiens devenait de jour en
jour plus vive. Le pape Innocent répondit sans tarder aux évêques de l'Afrique, qui l'avaient prié de s'associer à leurs arrêts
de condamnation contre les hérétiques; il loua beaucoup l'érudition, le zèle et la vigilance pastorale de ces pontifes, dont la
sollicitude s'étendait non-seulement sur les Églises qu'ils gou-
vernaient, mais sur le monde catholique tout entier. Il déclara

s'associer entièrement à leurs déclarations, et retrancha Pélage et ses sectateurs de la communion de l'Eglise.

Cet arrêt produisit un heureux effet sur les moins endurcis d'entre les pélagiens : ils s'empressèrent de rentrer dans le sein de l'Eglise dès qu'ils eurent appris qu'elle les avait condamnés par la bouche de son chef. Mais ceux qui persévérèrent dans l'hérésie s'irritaient contre la main qui les frappait : ils voulurent s'en venger sur ceux qui avaient le plus puissamment contribué à l'attirer sur leur tête. Saint Augustin, dans un ouvrage qu'il publia en ce temps sur le concile de Diospolis, raconte qu'une troupe de gens sans aveu, excités par les pélagiens, se ruèrent sur les monastères où saint Jérôme, d'un côté, et quelques saintes femmes, de l'autre, s'étaient retirés; qu'ils les brûlèrent; que saint Jérôme n'avait préservé ses jours qu'en se sauvant dans une tour, et que sainte Eustochie et sa nièce Paula avaient failli périr dans les flammes, après avoir vu blesser ou mettre à mort ceux qui avaient essayé de les défendre.

Ces désordres avaient soulevé contre les pélagiens une indignation générale. Mais Pélage et Céleste, le principal de ses disciples, surent conjurer un instant l'orage. Le pape Zozime avait succédé à Innocent. Ils s'adressèrent à ce pontife, surprirent sa religion par leurs protestations équivoques de soumission, et en obtinrent qu'il écrivit en Afrique en leur faveur. Mais les évêques de cette province avaient l'expérience de l'habileté de Pélage : ils supplièrent le souverain pontife d'interroger de nouveau cet hérésiarque, et de le presser afin d'en obtenir, non des paroles hypocrites, mais des réponses catégoriques et un désaveu formel de son hérésie. Pélage, pressé ainsi, trahit sa mauvaise foi, et fut condamné par Zozime, comme il l'avait été par Innocent. La condamnation des pélagiens fut publiée par toute l'Eglise, et reçue universellement. Anathème fut prononcé contre eux. L'empereur Honorius ajouta à ces rigueurs par une loi qu'il publia. Ils en appelèrent en vain à des conciles, et ne trouvèrent pas d'évêques qui voulussent de nouveau examiner leur affaire. Pélage fut chassé hon-

tensement de Jérusalem, où jusqu'alors il avait trouvé un refuge : on ne sait plus ce qu'il devint depuis ; on voit seulement,
par un passage de saint Augustin, qu'il vivait encore en 421 (1).

C'est ainsi que l'Orient et l'Occident s'unirent pour percer
d'un seul trait les doctrines hérétiques de Pélage et de Céleste :
la principale gloire en revint à l'église d'Afrique, qui les avait
poursuivies le plus vivement, et, dans cette Eglise, à saint
Augustin, qui, par sa science et son génie, en avait été l'âme.

Ce fut aussi le jugement de tout l'univers catholique : de l'Occident et de l'Orient les témoignages les plus flatteurs en furent
envoyés en foule à saint Augustin, et durent mettre son humilité
à d'extrêmes épreuves. Tandis que saint Prosper célébrait sa
gloire dans de beaux vers, saint Jérôme lui écrivit que, bien
qu'il eût toujours aimé en lui Jésus-Christ, qui habitait dans
son cœur, il avait senti s'accroître à un tel point son amour et
son respect pour lui qu'il ne pouvait être une heure de temps
sans parler de lui. « Conservez, lui dit-il, cette grande réputation que vous vous êtes acquise dans le monde entier. Les
catholiques vous respectent et vous admirent comme le restau-
rateur de l'antique foi, et ce qui n'est pas moins glorieux, vous
êtes un objet de haine et de terreur pour les hérétiques. »

« Je voudrais, dit-il une autre fois en parlant à saint Augustin et à saint Alype, je voudrais avoir les ailes de la colombe
pour m'envoler vers vous. Dieu sait avec quelle joie je vous em-
brasserais tous deux, surtout en ce temps-ci où vous venez de
donner le coup de mort à Céleste. »

Dans un voyage qu'il fit, en 418, dans la Mauritanie, il fit
abolir une étrange coutume qui, depuis des siècles, était en
vigueur à Césarée (Alger), capitale de la province. Tous les ans,
à certaine époque, les habitants de la ville en sortaient, divisés
en deux partis, citoyens contre citoyens, parents contre parents,

(1) Saint Augustin, contre Julien, II, 10.

frères contre frères, et même enfants contre peres, et se
battaient durant quelques jours à coups de pierres, se bles-
sant et se tuant les uns les autres à qui mieux. Ils nommaient
cela *la Faction.*

Saint Augustin, dans un sermon qu'il prêcha devant eux, fit
tout ce qu'il put pour déraciner cette coutume odieuse. « J'employai, dit-il, tout ce que je pus trouver de plus grand et de
plus fort pour leur en faire concevoir de l'horreur et les en détourner. Ils m'applaudissaient ; mais je ne crus avoir rien fait,
tant que je ne leur vis point verser de larmes : leurs applaudissements me marquaient seulement qu'ils m'écoutaient avec faveur, mais leurs larmes me firent voir qu'ils étaient touchés.
Aussi, dès que je les vis pleurer, fus-je persuadé, avant même
d'en avoir vu l'effet, que cette détestable coutume, qu'ils avaient
reçue de leurs ancêtres par une longue succession de temps,
serait abolie. Je cessai donc aussitôt mon exhortation, et, me
tournant vers Dieu, je lui rendis grâces, en engageant toute
l'assistance à m'imiter. Et, par la miséricorde de Jésus-Christ,
voici déjà huit ans qu'ils ont entièrement renoncé à la faction (1).

En 410, saint Augustin avait dédié à un Romain illustre, le
comte Valère, un livre qu'il avait composé sur le mariage. Dès
que cet ouvrage eut paru, un pélagien, célèbre alors et nommé
Julien, en publia une prétendue réfutation. Il était de grande
naissance et issu de parents fort pieux et inébranlables dans la
foi orthodoxe. Son père lui avait fait prendre les premiers ordres,
quoiqu'il fût marié ; mais il s'était de bonne heure séparé de sa
femme par esprit de continence. Il devint par la suite évêque
d'Eclano, dans la Campanie, sa patrie. Mais, ayant adopté l'hérésie de Pélage, il en fut bientôt l'un des principaux soutiens.
Ses mœurs s'altérèrent avec la pureté de sa foi, et non-seulement il renonça à la continence, dont il avait fait profession

(1) Saint Augustin, Doctrine chrétienne, IV, 24.

jusqu'alors, mais il scandalisa jusqu'aux hérétiques par ses excès. Chassé d'Italie, il s'était réfugié en Orient, où le pélagianisme trouvait plus de tolérance, bien qu'il n'y fût pas moins anathématisé qu'en Italie. Après avoir erré long-temps, il se retira enfin dans un village de la Sicile, où il eut pour occupation d'enseigner les lettres à ceux de sa secte. Il y mourut, et les pélagiens lui élevèrent un tombeau, avec cette inscription : « *Ici repose Julien, évêque catholique.* » Le monument fut retrouvé au ixe siècle, et quelques personnes qui suivaient les erreurs du semi-pélagianisme voulurent rétablir la mémoire de Julien ; mais des évêques habiles firent voir que les pélagiens avaient toujours pris le nom de catholiques, et qu'ainsi rien n'empêchait que Julien ne fût mort hérétique.

Julien était d'ailleurs un homme d'une incontestable supériorité ; mais abusait étrangement de ses brillantes facultés. Dans ses écrits, il attaqua violemment saint Augustin, l'appelant le disputeur (*disputator*) de l'Afrique. Saint Augustin écrivit plusieurs ouvrages pour répondre, non à ses injures, mais aux doctrines hérétiques que cet homme avait avancées, il adressa ces ouvrages au pape Boniface, qui l'avait chargé de répondre aux pélagiens. Ces ouvrages sont des chefs-d'œuvres dans leur genre ; aussi saint Augustin nous assure-t-il que, de tous ceux qu'il publia, il n'en est aucun auquel il ait travaillé avec plus de soin.

L'année suivante (421), il publia un écrit non moins remarquable. Laurent, chef des notaires de l'Église de Rome, l'avait prié de lui faire un livre qui lui servît de *Manuel* où il pût apprendre ce qu'il devait croire, quelles étaient les doctrines qu'il devait rejeter comme hérétiques ; en quoi la raison appuie la religion, et en quoi elle est insuffisante en fait de dogme : en un mot, ce qu'il lui demandait c'était un abrégé succinct de la doctrine chrétienne.

Saint Augustin se prêta avec empressement à ce vœu ; et, comme toutes les questions de Laurent se réduisaient à demander ce qu'il faut croire, ce qu'il faut aimer, ce qu'il faut espérer, il divisa son livre en trois parties, sous les titres de la *Foi*, l'*Espérance*, la *Charité*. C'est un véritable catéchisme, digne en tous points de son illustre auteur. Il y traite entre autres une question fort obscure, qu'il n'osa aborder qu'une seule fois dans la chaire (sermon 71), parce que, dit-il, il la regardait comme l'une des plus grandes et des plus difficiles que la théologie puisse soulever. Il s'agit du péché contre le Saint-Esprit, dont l'Ecriture parle sans en déterminer la nature. Après des explications fort étendues, saint Augustin conclut en disant qu'il estime que ce péché consiste dans le mépris de la pénitence, de la réconciliation et de l'unité de l'Eglise, quand on y persévère jusqu'à la mort.

La même année (421), il dut répondre à d'autres questions qui lui furent adressées par son ami, saint Paulin : ce Père lui demandait, à l'occasion de la coutume où l'on était, à cette époque, de se faire ensevelir, autant que possible, auprès des tombeaux des saints et des martyrs, jusqu'à quel point cette coutume pouvait être utile.

Saint Augustin lui répondit qu'elle ne lui semblait avoir d'autre utilité pour le mort qu'en ce que le voisinage d'une tombe révérée engageait à prier davantage pour lui. Quant aux prières qu'on dit pour les morts, elles sont on ne peut plus utiles lorsque, pendant leur vie, ils n'ont point empêché, par leur conduite ou leurs croyances, que les mérites de ce pieux devoir leurs fussent appliqués. Il raconte a ce propos plusieurs aventures miraculeuses, et entre autres celle d'un habitant d'Hippone, nommé Curina, nullement lettré et fort candide.

Ce Curina, étant malade, tomba dans un évanouissement profond, qui dura plusieurs jours, et pendant lequel il ne donna aucun signe de vie. Dans cet état, il eut une vision : il se crut transporté dans l'autre monde, et il lui sembla voir comment on y traitait les morts, selon qu'ils l'avaient mérité. Il y aperçut plusieurs personnes de sa connaissance, mais qui néanmoins étaient encore en vie. Plusieurs ecclésiastiques de son pays et le prêtre de son village en faisaient partie. Celui-ci lui dit d'aller à Hippone se faire baptiser, ce qu'il s'imagina faire à l'instant même. On le conduisit ensuite à la porte du paradis; mais il n'y put entrer, et il entendit une voix qui lui dit : « Retournez sur la terre, et, si vous voulez venir dans cette demeure, allez vous faire baptiser. » Il sortit en ce moment de son évanouissement, et se hâta d'aller se faire inscrire au nombre des *compétens* (c'étaient ceux qui devaient recevoir le baptême). Quelque temps après, il se fit baptiser par saint Augustin, qui fut informé de son aventure et se la fit raconter par lui-même.

A seize lieues d'Hippone, mais dans le même diocèse, se trouvait le bourg de Fussale, habité presque exclusivement par des donatistes. Saint Augustin, qui poursuivait le schisme et l'hérésie jusque dans leurs dernières retraites, résolut de les déraciner de ce lieu. Les premiers prêtres qu'il y envoya furent dépouillés, battus, mutilés, aveuglés; quelques-uns furent même tués. Mais leurs souffrances ne furent pas inutiles ; et, après bien des dangers et des travaux, la mission de Fussale porta les fruits les plus abondants, et les donatistes, réduits par les conversions à un petit nombre, songèrent moins à persécuter qu'à se cacher.

Cependant saint Augustin souhaitait ardemment de conquérir ces derniers débris du schisme ; mais, craignant que l'éloignement du lieu ne lui permit pas d'y veiller avec tout le soin qu'il eût désiré, il se décida à y établir un évêque, sans être en cela arrêté par la crainte de diminuer l'étendue de sa juridiction et de ses revenus. Il était indispensable que la personne qui devait être élevée à cette dignité, outre toutes les vertus nécessaires pour un tel état, connût encore et sût parler la langue punique ; ce qui restreignait fort le cercle de ceux parmi lesquels le saint pouvait choisir. Après avoir cherché long-temps, il trouva enfin un ecclésiastique qui, par ses vertus, ses talents et ses connais-

---

1) Saint        Du soin que l'on doit prendre des morts, ch. 18.

sances, lui parut remplir toutes les conditions désirables. Il
lui proposa donc l'évêché de Fussale; après beaucoup d'hésitation, son offre fut agréée.

Il écrivit aussitôt au primat de la province d'Hippone, qui de-
meurait fort loin, pour le prier de venir faire cette ordination.
Le primat vint à Hippone; mais, au moment où toutes choses
étaient déjà prêtes et où l'ordination allait se faire, le prêtre que
le Saint destinait pour cet évêché, pris d'un scrupule subit, refusa absolument de se laisser ordonner.

Ne voulant point avoir fait faire en vain un long voyage au
primat, saint Augustin choisit un prêtre, encore jeune, nommé
Antoine, qu'il avait élevé près de lui dès son enfance. Dans son
embarras, il le présenta aux habitants de Fussale, qui l'ac-
ceptérent de confiance. Il fut donc ordonné; mais saint Augustin eut bientôt à regretter vivement ce choix.

Antoine, qui, par une dissimulation profonde, avait surpris
la religion de son père spirituel, abusa de son autorité, au point
que les habitants de Fussale vinrent s'en plaindre à saint Augustin, et que celui-ci dut lui retirer l'administration de son diocèse. Antoine, mécontent de cet arrêt, tout indulgent qu'il fût,
alla se plaindre auprès du primat de Numidie, et jusques aux
pieds du Souverain Pontife. Il séduisit ces vieillards vénérables
par ses artifices et ses récits mensongers, et obtint d'eux qu'ils
manifestassent à saint Augustin le désir qu'Antoine fût rétabli
dans la plénitude de ses pouvoirs. Saint Augustin, qui regrettait
amèrement le choix qu'il avait fait de cet homme pour l'élever
à l'épiscopat, répondit au saint Père par une lettre où brillent
à la fois son humilité extrême et le vif sentiment de ses devoirs et
de la responsabilité qui pesait sur lui :

« Pour moi, dit-il, j'avoue ingénieusement à Votre Sainteté
que le péril où je vois Antoine et les habitants de Fussale, et
moi-même, m'alarme si fort et me jette dans une si profonde
tristesse que, s'il faut que je vois cette Église de Jésus-Christ
ravagée par un homme que mon imprudence a fait évêque, et
que le mal aille (ce qu'à Dieu ne plaise) jusqu'à la faire périr

avec celui qui en serait la cause, je crois que je renoncerais à l'épiscopat, pour ne plus songer qu'à pleurer ma faute. Car je me souviens de ce que dit l'Apôtre : *Si nous nous jugeons nous-mêmes, nous ne serons pas jugés de Dieu.* Ainsi je me jugerai moi-même, afin que celui qui viendra juger les vivants et les morts me pardonne. Si, au contraire, par un effet de votre charité pour les membres de Jésus-Christ qui sont dans cette contrée, vous les tirez de la crainte et de la tristesse mortelle où ils sont, et que vous consoliez ma vieillesse par cette action, qui ne sera pas moins de miséricorde que de justice, celui qui nous aura délivrés par vous de cette peine, et qui vous a placé dans le siége que vous remplissez, vous en récompensera et dans ce monde et dans l'autre (1). »

Le saint Père, éclairé et touché par ces nobles paroles, revint sur ce qui n'avait d'ailleurs été qu'un désir vaguement manifesté par lui : Antoine garda le titre mais perdit les pouvoirs d'évêque ; et l'Eglise ne fut point privée d'un saint dont les enseignements et la gloire lui étaient d'un si puissant secours.

L'an 424, saint Augustin reçut à Hippone les reliques de saint Etienne : il les déposa dans une chapelle de sa basilique ; sur la voûte il fit graver quatre vers, où il disait qu'il fallait rapporter à Dieu les miracles qui s'opéraient alors par l'intercession et par les reliques de ce saint martyr. Ce fut à l'occasion de ces miracles, parmi lesquels il mentionne trois résurrections (2), qu'il introduisit en Afrique la coutume de faire donner par ceux en faveur desquels le miracle était opéré un mémoire sur le succès qu'il avait obtenu ; on lisait ensuite ces mémoires au peuple.

Peu de temps après qu'il eut reçu ces précieuses reliques, il arriva dans son diocèse un événement qui l'affligea beaucoup.

(1) Saint Augustin, Lettre 261.
(2) Saint Augustin, cité de Dieu, liv. 22.

Depuis qu'il était évêque, il avait rassemblé dans son palais
épiscopal tous ses ecclésiastiques, et vivait avec eux dans une
communauté parfaite, sans que personne n'eût rien en propre.
Il n'ordonnait aucun prêtre qu'à la condition qu'il vécût ainsi
avec lui, et il en avait fait la déclaration solennelle devant le
peuple. Du reste, il s'en remettait entièrement, à cet égard, à
la conscience de ses ecclésiastiques, et n'examinait point si réellement ils ne conservaient rien en propre. En entrant dans les
ordres, les prêtres abandonnaient leur bien a l'Eglise, qui, en
retour, leur devait l'entretien.

Un prêtre de son diocèse, nommé Janvier, avait été marié
avant de se faire ordonner, et était demeuré veuf avec un fils et
une fille en bas âge. En entrant dans les ordres, il avait placé
ses enfants dans des maisons religieuses ; et, comme il ne pouvait savoir si, lorsqu'ils seraient en âge de choisir un état, ils
persisteraient dans la vie monastique, il n'avait donné à l'Eglise
qu'une partie de ses biens et avait réservé l'autre pour ses enfants, dans le cas où l'un deux voudrait entrer dans le monde.
Cette disposition n'avait rien de blâmable, et saint Augustin
l'avait approuvée. Quelques années après, Janvier tombe malade
et meurt, après avoir fait un testament par lequel il déshérite
ses enfants encore mineurs, et institue l'église d'Hippone pour
son héritière.

Un tel legs ne pouvait que lui nuire, en ternissant l'éclat dont
le clergé d'Hippone avait brillé jusqu'alors aux yeux des peuples. Saint Augustin, qui s'était fait une loi de refuser tous les
legs que l'on faisait à son église lorsqu'il y avait des héritiers
naturels qui se trouvaient frustrés, abandonna le legs de Janvier à ses enfants, et y renonça pour son église. C'était le salut
des hommes qu'il convoitait, et non leur argent. Après s'être
ainsi acquitté de ce qu'il devait à sa conscience, il crut que,
vivant à la vue du peuple, pour lui et, pour ainsi dire, par
lui, il lui devait compte de sa conduite, principalement en cette
circonstance, et afin que cet exemple profitât.

Il l'assembla donc le lendemain, et lui fit un discours fort simple, mais touchant, où il lui représenta la manière dont il avait toujours entendu vivre avec son clergé, la faute que Janvier avait commise, la résolution qu'il avait prise de renoncer à sa succession pour l'Eglise, et les motifs qu'il avait d'agir ainsi en toute occasion semblable, bien que quelques personnes l'en eussent blâmé. Quant aux membres de son clergé, il annonça qu'il allait s'informer de la situation de chacun d'eux, pour s'assurer si, contre ses vœux et contre les canons des conciles d'Afrique, il n'y en avait point qui eussent conservé une partie de la fortune qu'ils avaient avant d'entrer dans les ordres, et il promit d'en rendre compte publiquement à quelques mois de là, après la fête de l'Epiphanie.

En effet, quand cette époque fut arrivée, il monta en chaire, et, dans un discours plein de détails intéressants sur l'état de l'Eglise d'Afrique à cet époque, il rendit le compte qu'il avait annoncé.

Il fit lire d'abord par un diacre les passages des Actes des Apôtres où se trouve dépeinte la vie des premiers chrétiens, sur laquelle il désirait que son clergé se réglât. Il assura ensuite au peuple que tous les ecclésiastiques de son diocèse s'y conformaient et n'avaient rien gardé en propre. Un petit nombre d'entre eux, il est vrai, paraissaient n'avoir pas encore renoncé entièrement à leurs biens, ou en étaient accusés, mais c'était à tort.

« Qu'on ne médise donc pas des serviteurs de Dieu, ajouta-t il : cela est trop dangereux pour ceux qui le font. Les serviteurs de Dieu qui auront été déchirés par les calomnies en recevront d'autant plus de récompenses ; mais les calomniateurs en seront d'autant plus punis. Nous ne voulons pas profiter de votre malheur et recevoir des récompenses aux dépens de votre salut. Puissions-nous n'avoir qu'une moindre gloire dans le royaume de Dieu, et vous y avoir pour compagnons ! »

Sévère, évêque de Milène et ami particulier de saint Augustin, mourut au commencement de 426. Il avait désigné avant sa mort, son successeur, mais, au lieu de le faire devant tout

le peuple, comme c'en était l'usage, il se contenta de le dési-
gner à son clergé assemblé. Aussi quand il fut mort, craiguit-
on qu'il n'y eût quelque trouble parmi le peuple. Les *frères* et
les *serviteurs de Dieu* (les prêtres et les moines prièrent saint
Augustin d'assister à la cérémonie de la promotion, afin d'en
imposer par sa présence. Il s'y prêta volontiers. Un petit nombre d'assistants murmurèrent un peu de ce que Sévère ne les
eût pas consultés; mais leur tristesse se changea en joie quand
ils surent quel était celui qui avait été choisi pour son successeur (1).

Cet événement appela néanmoins l'attention de saint Augustin sur les troubles qu'il avait vu souvent éclater dans quelques
églises à l'élection des évêques. Il résolut donc de pourvoir à ce
que celle de son successeur fût exempte de tous ces inconvénients. Il jeta les yeux sur l'un des moins anciens de ses prêtres, nommé Héracle. Il avait consacré ses premières années à
l'étude des lettres profanes, dans laquelle il était fort instruit,
et avait exercé quelque temps la profession d'avocat. Mais étant
venu à Hippone dans un âge déjà mûr, il se mit entièrement
entre les mains de saint Augustin, pour être formé et instruit
par lui dans les lettres sacrées et dans la pratique de la vertu.

Son père lui avait laissé des biens considérables: il en avait
employé une partie à faire élever une église; il avait voulu
donner l'autre à saint Augustin, pour qu'il en fît tel usage qu'il
lui plairait. Mais le saint avait un très-grand soin de sa réputation, non pour lui, car le témoignage de sa conscience lui suffisait, mais à cause de son peuple il voulait éviter jusqu'à l'occasion de concevoir aucun soupçon sur le parfait désintéres-
\ment de ses guides spirituels. Il engagea donc Héracle à
acheter une terre de cet argent.

Celui-ci le fit, et donna ensuite la terre à l'Église. Saint Au-

(1) Saint Augustin, Lettre 110.

gustin en rendit compte au peuple, comme nous avons pu voir qu'il faisait de toute son administration. « Je vous avoue, dit-il à ce sujet, que je ne me fiais pas encore à son âge, et que d'ailleurs, comme je connais les hommes, je craignais que sa mère ne fût fâchée, et ne se plaignît de ce que je faisais dépenser à son fils ce qu'il avait reçu de son père, pour le laisser ensuite dans la pauvreté. Je crus donc devoir lui faire employer son argent à l'achat de cette terre, afin que, s'il lui arrivait malheur, ce qu'à Dieu ne plaise, je pusse lui rendre cette terre, et empêcher que ma réputation n'eût à souffrir. Je lui rends du reste ce témoignage qu'il est demeuré pauvre, et qu'il ne possède rien plus que la charité. »

Héracle prêcha plusieurs fois avant son élévation a la dignité épiscopale. Un jour, tandis qu'il n'était encore que prêtre, saint Augustin, dans la vue de s'assurer de sa capacité, voulut qu'il prêchât en sa présence, ce qu'il n'avait point encore fait, non plus qu'aucun prêtre du diocèse, parce que saint Augustin prêchait toujours lui-même. On a trouvé dans un manuscrit, à Beauvais, le sermon qu'Héracle prononça dans cette circonstance.

Le samedi 25 septembre 426, saint Augustin pria le peuple de s'assembler dans le plus grand nombre qu'il pourrait, pour recevoir une communication importante qu'il avait à lui faire. La réunion eut lieu dans la basilique de la Paix : deux évêques, Religianus et Martianus ; sept prêtres, dont Héracle faisait partie, et tous les diacres et sous-diacres d'Hippone s'y trouvèrent. Pensant, avec raison, que l'impatience d'apprendre ce qu'il avait annoncé qu'il communiquerait à l'assemblée empêcherait qu'on ne l'écoutât avec toute l'attention désirable, saint Augustin ne fit point ce jour son instruction accoutumée, et aborda directement le sujet de la réunion. Il représenta aux fidèles la nécessité où il croyait être de pourvoir à la paix de son peuple, pour éviter l'inconvénient qui était arrivé à Milène, et pour ne donner à personne le sujet de se plaindre. Il déclara ensuite qu'après avoir invoqué les lumières du Saint-Esprit, il avait choisi le

prêtre Héracle pour lui succéder. Le peuple approuva ce choix
avec acclamation. Les notaires de l'Eglise dressaient en même
temps acte et des paroles de saint Augustin et de l'approbation
que l'assistance y donnait. Le saint exhorta ensuite les fidèles à
se joindre à lui pour prier Dieu de confirmer ce qu'il avait fait
lui-même en eux. « Voilà donc, ce que je désire, ce que je demande à Dieu avec des prières très-ardentes, malgré la froideur
de mon âge. Je vous exhorte, je vous prie, je vous conjure de
le lui demander avec moi, afin que, la paix de Jésus-Christ
unissant tous les cœurs et tous les esprits, il plaise à Dieu de
confirmer ce qu'il a fait en nous. Qu'il garde par sa miséricorde celui qu'il m'a envoyé; qu'il lui conserve la vie et la santé,
qu'il lui conserve sa réputation sans tache, et qu'il permette
qu'il remplisse ma place après ma mort, comme il aura fait ma
joie pendant ma vie. »

Il dit encore au peuple que son âge avancé lui faisait éprouver
de jour en jour plus vivement le besoin d'un aide qui se char-
geât d'une partie du fardeau de l'épiscopat, et qu'il priait l'assemblée d'agréer que désormais il s'en remit à Héracle du soin
de juger les procès et de régler les affaires entre particuliers,
que l'on avait coutume de porter au tribunal de l'évêque. Il demanda donc, comme une formalité indispensable, que tous ceux
qui le pourraient signassent l'acte de tout ce qui venait de se
passer, acte que les notaires de l'Eglise avaient dressé, et que
le peuple tout entier y donnât son consentement; ce qui fut fait
aussitôt : les uns signèrent l'acte, les autres s'y associèrent par
les diverses acclamations dont on avait coutume de se servir
dans les élections des évêques ; elles se répétaient souvent jusqu'à vingt et trente fois; et les notaires de l'Eglise dressaient
acte de chacune d'elles.

L'histoire ne fait plus mention d'Héracle après cette cérémonie.

Saint Augustin avait été bien inspiré en se choisissant un
successeur et un coadjuteur : de graves affaires allaient lui réclamer tout ce que les années lui avaient laissé de force et d'ac-

tivité. Les vieilles hérésies n'étaient point toutes éteintes, et de
nouvelles surgissaient chaque jour. D'ailleurs de grands événe-
nements politiques se préparaient et allaient mettre à de nouvelles épreuves son génie et sa vertu. Les horribles calamités
de l'invasion n'avaient point ralenti l'ardeur des polémiques
théologiques : les peuples s'en préoccupaient plus que de leurs
malheurs, et, jusque dans le silence des cloîtres, la paix en
était troublée.

Une lettre où saint Augustin traitait la question de la grâce,
à propos de l'hérésie de Pélage, était tombée entre les mains de
quelques religieux du monastère d'Adrumète. Ils la lurent à
leurs frères, à l'insu du supérieur de la maison. Cinq d'entre
eux, comprenant mal la pensée de saint Augustin, et se bles-
sant de ce qui eût dû les guérir, soutenaient contre leurs frères
que, dans cette lettre, l'influence attribuée à la grâce était
exagérée au point de détruire le libre arbitre, et qu'il résultait
de cette doctrine qu'au dernier jour nous ne serions point jugé
selon nos œuvres. Aussi niaient-ils que cette lettre fût de saint
Augustin. La discussion fut très-vive, et jeta un moment la
dissension dans le monastère. Valentin, le supérieur du monastère, en fut instruit : il ne douta point que l'ouvrage fût de
saint Augustin, et ne contînt une doctrine orthodoxe. Il connaissait assez le style du Saint et cette sagesse digne d'un ange
qui brille dans ses écrits. Il voyait dans ce livre la grâce de
Dieu relevée avec trop d'éclat, et avec une éloquence trop vive,
pour n'en pas connaître l'auteur. Il le lut avec joie, et travailla
en même temps à apaiser ces discussions dangereuses, que
l'inexpérience de quelques-uns de ses frères avait soulevées. Il
les envoya en outre à saint Evode d'Uzale, afin qu'il leur donnât les explications dont ils avaient besoin pour l'intelligence
du livre de saint Augustin. Saint Evode leur dit qu'il louait leur
amour pour la connaissance de la vérité, mais qu'il fallait éviter
que cet amour ne dégénérât en un zèle aigre et disputeur. Il
leur apprit ensuite, conformément à la doctrine de saint Augustin, que le libre arbitre est dans l'homme, mais que, depuis

7..

le péché, il y est blessé et infirme, et que Jésus-Christ a été
envoyé pour le guérir. Il termina en avertissant ces religieux
que, lorsqu'ils trouveraient dans les écrits des docteurs de la foi
des choses qu'ils n'entendraient point, au lieu de se hâter de les
reprendre, ils devraient prier Dieu pour qu'il leur en donnât
l'intelligence.

Mais ceux qui n'avaient pas été satisfaits du livre de saint
Augustin ne le furent pas davantage des explications de saint
Erode, et résolurent, malgré l'opposition de leur supérieur,
d'aller trouver saint Augustin lui-même. Le Saint les reçut
fort bien, les instruisit, leur expliqua la lettre (1) qui avait causé le trouble, et écrivit, pour leur usage et pour celui de leurs
frères du couvent d'Adrumète, un traité en forme de lettre,
adressé à Valentin, leur supérieur, dans lequel il expose et discute avec un talent admirable cette question si difficile de l'accord de la grâce et de la volonté. Sa charité le porta même plus
tard à faire un ouvrage spécial pour eux, intitulé : *De la Grâce
et du libre Arbitre.* Il leur démontra, dans cet écrit et dans les
lettres qu'il leur adressa encore depuis, que l'homme ne peut
sans la grâce marcher dans les voies du salut; que Dieu ne
donne pas la grâce à tous, parce qu'il ne la doit à personne ;
que néanmoins les hommes sont coupables lorsqu'ils violent
la loi de Dieu, parce qu'ils le font volontairement ; que les hommes n'ont point le droit de se plaindre lorsque Dieu ne leur
donne point sa grâce, parce qu'ils l'ont rejetée volontairement
ou en eux-mêmes, ou par Adam ; qu'il est donc juste que nous
soyons repris, puisque nous sommes coupables ; que cela est
d'ailleurs utile, puisque Dieu peut, s'il lui plaît, joindre sa
grâce à la correction, comme à beaucoup d'autres moyens dont
il se sert pour nous sauver. L'ouvrage où saint Augustin développe cette belle théorie, et où il expose la distinction lumi-

(1) Saint augustin, lettr 105, à Sixte.

neuse entre les deux grâces, celle qu'Adam avait avant son
péché, et celle par laquelle nous sommes rachetés de la masse
du péché; cet ouvrage ( *De la Grâce et du libre Arbitre* ), dit
le cardinal Noris (1), est la clef de toute la doctrine de saint Augustin sur la grâce; c'est celui où cette doctrine est exposée
de la manière la plus complète, et envisagée sous toutes ses
formes : ce qui en fait le commentaire indispensable et souvent
le complément de tous ceux qu'il publia sur la question du pélagianisme.

Une nouvelle hérésie appela, peu de temps après, l'attention
des évêques et surtout de saint Augustin. « Jusqu'alors, dit ce
Père (2), personne n'avait encore été assez aveugle et assez igno-
rant pour oser dire que Jésus-Christ n'était qu'homme, et qu'il
avait mérité, en vivant sans péché par le libre arbitre, de devenir
fils de Dieu. » Un pélagien, nommé Léporius, fut le premier
qui mit en avant cette opinion. Il était né dans les Gaules, et y
avait même embrassé la vie monastique. Il ne craignit pas de
publier ses opinions, et souleva ainsi contre lui une indignation générale. Chassé des Gaules, il se réfugia en Afrique. Aurélius, primat de Carthage, saint Augustin et plusieurs autres
évêques entreprirent de lui ouvrir les yeux sur son erreur.
Leurs efforts furent couronnés du plus heureux succès : Léporius abandonna son audacieuse hérésie, et en reconnut publiquement l'erreur avec une vive douleur. Comme la Gaule avait
été témoin de sa chute, il voulut qu'elle fût aussi instruite de
son retour dans le sein de l'Eglise. « Ce fut pour ce sujet, dit
M. de Tillemont, qu'il envoya un écrit plein des larmes et des
gémissements de sa pénitence, où il exprime avec étendue les
erreurs qu'il avait suivies et la foi qu'il avait embrassée depuis,

---

(1) Le cardinal Henri de Noris, Histoire du Pélagianisme (en latin),
Padoue, 1673.

(2) Saint Augustin, De la Correction et de la Grâce, 2.

et qu'il protestait de garder jusqu'à la fin de sa vie. » Cet écrit produisit dans toute l'Eglise un effet extraordinaire, à cause de la conversion de Léporius, dont il était le monument, et surtout à cause du talent avec lequel il est composé, et qui lui a valu l'honneur d'être admis par quelques historiens ecclesiastiques au rang des ouvrages des Pères de l'Eglise.

Le comte Boniface, qui gouvernait à cette époque (427) l'Afrique, était l'homme le plus distingué de l'empire par ses talents comme administrateur et comme capitaine. C'était, avec Aétius, le dernier Romain. D'après une lettre qu'on lui attribue à tort, on le fait naître en Thrace; mais Procope assure qu'il était Romain. Il commandait la garnison de Marseille en 413, et il mérita la reconnaissance et les bénédictions de cette ville pour l'avoir vaillamment défendue contre Ataulphe, roi des Goths, qu'il blessa de sa main. En 417, il se trouvait en Afrique, en qualité de tribun; et, quoiqu'il n'eût à sa disposition qu'un petit nombre de troupes, il fit une si rude guerre aux barbares nomades, qui depuis des siècles désolaient l'Afrique par leurs incursions et leurs ravages, qu'il les réduisit à demeurer en paix. Aussi n'y avait il qu'une voix pour manifester le désir qu'il devînt comte, c'est-à-dire général en chef de toutes les troupes de l'Afrique. On était persuadé que, si ces éminentes fonctions lui étaient confiées, il aurait promptement dompté toutes ces hordes insoumises, et les rendrait même tributaires de l'empire.

Un écrivain de ce temps (1) rapporte une action de Boniface où éclatent sa vigilance et son activité. Un paysan vint un jour se plaindre à lui de ce qu'un de ces barbares lui avait enlevé sa femme. Boniface lui demanda où ce soldat l'avait conduite et où on pourrait le trouver: le plaignant lui répondit que c'était à soixante-dix stades (2) de là. Boniface le congédie, et lui dit de

---

(1) Olympiadore, cité dans sa bibliothèque de Photius, ch. 80.
(2) Environ trois lieues et demie.

revenir le trouver le lendemain matin. Puis, le soir même, il
sort sans en avertir personne, se rend à l'endroit que le paysan
lui avait indiqué, y trouve le soldat avec la femme enlevée, coupe
la tête au premier et s'en retourne aussitôt. Quand le paysan
fut revenu le lendemain, comme il en avait reçu l'ordre, Boniface lui montra la tête, encore toute sanglante du barbare, et
lui demanda s'il le reconnaissait. Le mari outragé la reconnut à
sa grande surprise, et, après avoir bien remercié Boniface, il
s'en alla fort content.

Du reste, une piété profonde s'alliait, dans le comte Boniface,
à la valeur et à l'habileté. Il était très-estimé et très-aimé de la
plupart des évêques, et était en relation d'amitié avec saint
Augustin, qui dit de lui, dans une de ses lettres, que « tandis
qu'il combattait les ennemis visibles des saints, c'est-à-dire les
barbares idolâtres, les saints combattaient pour lui, par leurs
prières, contre les démons (1).

Il n'aspirait qu'à renoncer au monde et à ses grandeurs pour
vivre en anochorète et ne servir que Dieu seul. Il manifesta ces
intentions à saint Augustin et à saint Alype, qui l'en détournè-
rent, en lui représentant qu'il était plus utile à l'Eglise dans
l'état actuel qu'il ne pourrait l'être en qualité de solitaire, et que
l'Eglise d'Afrique spécialement, si elle avait besoin de saints qui,
par leurs prières, appelassent sur elle les bénédictions du ciel,
avait aussi besoin de braves guerriers qui la défendissent contre
les ravages des barbares et des circoncellions.

Boniface demeura donc dans ses fonctions. En 422, il suivit le
général Castinus en Espagne pour y combattre les Vandales ; et
ses talents et son habileté eussent sans doute empêché l'issue
malheureuse de cette guerre si, rebuté par l'esprit altier de Castinus, il ne se fût retiré à Porto et de là en Afrique.

Il fut nommé comte de cette province ; et, lorsque, en 423,

---

(1) Saint August n, lettre 205.

l'impératrice Placidie fut contrainte de se retirer à Constantinople, Boniface seul lui demeura fidèle, et lui envoya même l'argent dont elle avait besoin pour soutenir l'éclat de son rang. Au mois d'août de la même année, Honorius mourut, et un usurpateur, nommé Jean, s'empara de l'empire d'Occident. Boniface n'abandonna point la cause du légitime souverain, le jeune Valentinien III, et de sa mère Placidie. Il défit en outre les troupes que Jean avait envoyées en Afrique pour s'emparer de cette province, et, en l'affaiblissant ainsi, de même qu'en retenant les blés qui devaient alimenter Rome, il prépara la chute de l'usurpateur. Jean fut vaincu et tué dans une bataille.

Boniface, appelé à la cour, y fut élevé à la dignité de comte des domestiques, la plus élevée de l'empire, qu'il cumula avec celle de comte d'Afrique. Ce comble d'honneurs devint la cause de sa perte, en excitant la jalousie d'Aétius, dont la fortune commençait alors.

Il s'était de plus aliéné les évêques catholiques, en renonçant à ses habitudes de piété, à la vie austère qu'il avait menée jusque là, pour se jeter dans les plaisirs. On l'accusait aussi, et non sans fondement, de pencher vers l'arianisme (1). Il avait fait

---

(1) L'hérésie la plus maligne et la plus répandue de toutes celles des premiers siècles de l'Eglise, l'arianisme, dut son origine à l'hypocrite et ambitieux Arius, Lybien, qui, n'ayant pu succéder au patriarche Achillès sur le siége d'Alexandrie, attaqua publiquement comme hétérodoxe le nouveau patriarche Alexandre. C'était être hétérodoxe, selon Arius, que de croire à la divinité du Christ! Mélice, en Egypte, les deux Eusèbe, à la cour, soutinrent la doctrine d'Arius, qui eut bientôt une vogue immense en Orient, grâce à son opuscule indécent intitulé *Thalie*. Cependant Constantin sut résister d'abord à l'hérésie. Il assembla le Concile de Nicée, qui fulmina solennellement l'anathème contre la doctrine arienne, dressa un symbole, et donna au Christ l'épithète de *homousios* (consubstantiel); pour l'empereur, il relégua l'hérésiarque en Illyrie. Mais, Arius ne se tint pas pour battu : ses amis manœuvrèrent si bien qu'ils se

baptiser l'une de ses filles par les prêtres de cette secte, et leur avait confié le gouvernement de sa maison.

Aétius était fils de Gaudence, maître de la cavalerie romaine et comte d'Afrique. Elevé dans la garde de l'empereur, on le donna en otage à Alaric, vers l'an 405, et ensuite aux Huns, dont il acquit l'amitié. Il avait les qualités d'un homme de cœur; un trait particulier le distinguait des gens de sa sorte : l'ambition lui manquait, et pourtant il ne pouvait souffrir de rival d'influence et de gloire. Cette jalouse faiblesse le rendait faux envers Boniface, quoiqu'il eût de la droiture : il invita Placidie, qui gouvernait l'empire pendant la minorité de Valentinien III, à retirer à Boniface son gouvernement d'Afrique, et en même temps il mandait à Boniface que Placidie le rappelait dans le dessein de le faire mourir. Boniface s'arme pour défendre sa vie, qu'il croit injustement menacée; Aétius représente cet armement comme une révolte qu'il avait prévue (1).

Boniface fut déclaré ennemi public : une armée fut envoyée contre lui ; elle était commandée par trois généraux : Mavortius, Galbio et Sinex. Ils assiégèrent le comte d'Afrique on ne sait dans laquelle de ses places; mais Sinex trahit ses deux collègues et les fit assassiner, et lui-même, étant tombé entre les mains de Boniface, fut mis à mort.

Saint Augustin interrompit ses relations avec ce général tant que dura la guerre; il n'osait lui écrire, pour ne point exposer

_____

firent tolérer, en masquant leur nom et prêchant toujours les mêmes doctrines, comme *origénistes*. Des conciliabules défont en détail l'œuvre du concile. Alexandre est déposé ; Arius est réhabilité, et va peut-être souiller le siége patriarcal de Constantinople, lorsqu'il meurt. L'arianisme disparaît de l'histoire vers le ive siècle.

(M. VALÉRIEN PARISOT).

.) Châteaubriand, Etudes historiques, IV, 2, p. 123, t. 4, édition de 1832.

au péril le messager qu'il eût chargé de sa lettre, et aussi de peur que, si celle-ci tombait entre les mains des ennemis de Boniface, ils n'y vissent que le Saint condamnait sa condu te. Mais les circonstances étant devenues plus favorables, et saint Augustin ayant trouvé un homme sûr et que Boniface lui-même aimait, savoir le diacre Paul, sa charité et l'espérance que le comte ne serait pas sourd à ses avis l'engagèrent à lui écrire pour l'avertir de songer à son salut.

« AUGUSTIN.

« Au seigneur son fils Boniface, pour le protéger et le diriger, par la miséricorde divine, en vue de son salut présent et éternel (1).

» Je t'écris pour t'entretenir non de la puissance et des honneurs dont tu es revêtu dans ce siècle méchant ; non à cause du salut de ta chair corruptible et mortelle, parce qu'elle est éphémère et que l'on ne sait jamais combien elle doit durer ; mais je t'écris à cause de ce salut que nous a promis le Christ, qui a été outragé et crucifié pour nous apprendre à mépriser plutôt qu'à rechercher les biens du monde, et à placer notre affection et notre expérience dans ce qu'il nous a fait voir dans sa résurrection : *car il est ressuscité des morts pour ne plus mourir, et désormais la mort ne le domptera plus* (2).

» Je sais qu'il ne manque pas d'hommes qui t'aiment en vue de la vie de ce monde, et qui te donnent des conseils en conséquence, tantôt utiles, tantôt inutiles : ils sont hommes, et, autant qu'ils le peuvent, sages pour le présent, mais ne sachant

_____

(1) Saint Augustin, Lettre 70.
(2) Epître aux Romains, VI, 9.

pas ce qui arrivera le lendemain. Mais tu trouveras difficilement des hommes qui te conseillent selon Dieu et pour le salut de ton âme. Ce n'est pas que ces hommes manquent, mais parce qu'ils ne peuvent guère trouver l'occasion de te parler de ces choses. C'est ainsi que je l'ai longtemps désiré, et que je n'ai jamais trouvé le moment ni le lieu propice pour m'occuper avec toi comme je l'eusse dû avec un homme que j'aime beaucoup en Jésus-Christ. Tu sais en quel état tu m'as trouvé à Hippone quand tu as daigné venir me voir : je pouvais à peine parler, tant j'étais faible et fatigué.

« Maintenant, mon fils, écoute-moi, t'instruisant par mes lettres, que je n'ai pu t'envoyer plus tôt, au milieu des dangers que tu courais et à cause de ceux qu'eût courus mon courrier, et craignant enfin que ma lettre ne retombât entre des mains entre lesquelles je n'eusse pas voulu qu'elle tombât ; écoute-moi donc, ou plutôt écoute le Seigneur parlant par le ministère de ma faiblesse.

« Souviens-toi ce que tu étais tant qu'a vécu ta femme, de religieuse mémoire, et, dans les premiers jours de sa mort (1), à quel point la vanité du siècle te déplaisait, combien tu désirais le siècle de Dieu. Nous en sommes témoins, nous à qui tu ouvris alors ton âme et tes pensées ; nous étions seuls avec toi, mon frère Alype et moi ; car je ne pense pas que les soucis du monde, dont tu es accablé, aient eu assez de pouvoir pour effacer entièrement ces choses de ton souvenir ; tu voulais abandonner tous les soins publics qui t'occupaient, pour te retirer dans un saint repos et vivre dans cette vie où les solitaires se consacrent à Dieu.

« Qui t'en a détourné, sinon la réflexion que tu as faite d'après nos avis, que tu serais bien plus utile aux églises, en continuant à les défendre du ravage des barbares et ne prenant toi-

---

(1) Il s'agit de la première femme de Boniface.

même du monde que ce qui est nécessaire au soutien de la vie, sous le bouclier d'une austère continence, et défendu, au milieu des armes temporelles, par les armes de l'esprit, qui sont plus fortes et plus sûres ?

» Tandis que je me réjouissais de te voir dans cette disposition, tu as fait un voyage par mer, tu t'es marié. Mais ton voyage, tu l'as fait à cause de l'obéissance que tu devais, selon les paroles de l'Apôtre, à la puissance supérieure. Mais tu ne te serais point marié, si, renonçant à la continence que tu t'étais proposé de tenir, tu n'avais été vaincu par la concupiscence. Quand je l'appris, je te l'avoue, j'en fus stupéfait d'étonnement. Je me consolai quelque peu lorsque l'on m'eut dit que tu ne prendrais ton épouse que lorsqu'elle se serait faite catholique. Et cependant l'hérésie de ceux qui nient que Jésus-Christ soit le vrai fils de Dieu prit une telle influence dans ta maison que c'est par ces mêmes hommes que ta fille fut baptisée. Déjà même, si ce que l'on nous a rapporté est exact, ce qu'à Dieu ne plaise, des jeunes filles attachées à ta maison, et qui s'étaient vouées à Dieu, ont été rebaptisées. De quels torrents de larmes un tel malheur ne doit-il pas être pleuré !

» Que dirai-je donc ? Tu es chrétien, tu as un cœur, tu crains Dieu : examine toi, cherche ce que je n'ose te dire, et tu trouveras de quelles fautes tu dois faire pénitence, afin que, j'en ai la confiance, Dieu te pardonne, et que tu sois délivré de tous ces maux. Fais donc pénitence comme tu le dois. Écoute ce qui est écrit : *Ne tarde pas à tourner vers le Seigneur, ne diffère pas de jour en jour.*

» Tu dis que ta cause est juste : je n'en suis pas juge, puisque je ne puis entendre les deux parties. Mais, quelle que soit ta cause, et il n'est pas besoin de l'examiner et d'engager une discussion à ce sujet, peux-tu nier devant Dieu que tu n'eusses pas été réduit à cette nécessité si tu n'avais aimé les biens du siècle ; ces biens que, en qualité de serviteur de Dieu, tel que nous t'avons connu auparavant, tu eusses dû mépriser tout à-fait et ne compter pour rien ? Ceux de ces biens qui s'offraient à toi, tu ne devais les prendre que pour de pieux usages, et ceux qui t'étaient refusés, ou qui ne t'étaient que confiés, tu ne devais point y aspirer au point de te réduire à cette nécessité. L'amour des vanités mène à l'accomplissement du mal. Peu de maux ont été faits par toi, j'en conviens, mais beaucoup à cause de toi. Et tandis que l'on craint ce qui ne peut nuire que pour un peu de temps, mais nuit cependant, on commet des actes qui nuisent pour l'éternité.

« Que dirai-je de la dévastation de l'Afrique, du ravage que font les barbares, pendant que tu es retenu par des intérêts de famille, et que tu n'ordonnes rien pour détourner ces maux ? Qui aurait supposé, qui aurait craint que Boniface, comte du palais et de l'Afrique, occupant cette province avec une si grande armée et une si grande puissance, les barbares deviendraient si hardis, avanceraient si loin, désoleraient un si grand espace, et rendraient déserts tant de lieux habités ? Qui n'aurait dit, quand tu prenais la puissance de comte, que non-seulement les barbares seraient domptés, mais qu'ils deviendraient tributaires de la puissance romaine ? Et maintenant tu vois à quel point l'espérance des hommes est démentie ; et je n'ai pas besoin de t'en parler davantage ; car tu peux penser à cet égard plus que je ne peux dire. »

Après avoir touché ainsi, avec un art singulier, à la trahison de Boniface, saint Augustin combat le ressentiment que ce général avait contre les ministres de l'empereur. Il n'oppose point à sa colère des principes de devoir politique et de fidélité, mais seulement le pardon des injures prêché par l'Evangile.

« Ne sois pas tenté, lui dit-il, d'être un de ces fléaux par lesquels Dieu frappe les hommes qu'il veut punir. Songe qu'il garde des peines éternelles à ces méchants, qu'il emploie pour infliger aux autres des peines temporelles. Tourne-toi vers Dieu ; contemple le Christ, qui a fait tant de bien et souffert tant de maux. Tous ceux qui veulent faire partie de son royaume aiment leurs ennemis, font du bien à ceux qui les haïssent, et prient pour ceux qui les persécutent. Si tu as reçu de l'empire

romain des bienfaits, quoique terrestres et périssables, car il
ne peut donner que ce qu'il a lui-même, ne rends pas le mal
pour le bien; si, au contraire, tu en as reçu d'injustes traitements, ne rends pas le mal pour le mal. Laquelle est vraie de
ces deux oppositions, je ne veux pas l'examiner, je ne puis le
juger ; je parle à un chrétien, et je lui dis : Ne rends pas le mal
pour le bien, ni le mal pour le mal. »

La seconde femme que Boniface avait épousée était nièce de
Genséric, ou plutôt Gizerich, roi des Vandales établis en Espagne. Dans sa lutte contre les forces de l'empire, et pour donner
des auxiliaires à sa révolte, il appela ces barbares en Afrique,
au printemps de l'année 428. Par le traité qu'il avait conclu
avec eux, il leur cédait le tiers de l'Afrique, et s'engageait à
leur prêter son secours, si quelque ennemi extérieur venait les
troubler dans leur possession.

Les Vandales avaient habité autrefois le long du rivage méri-
dional de la Baltique, entre l'embouchure de la Vistule et celle
de l'Elbe. Ils envahirent la Pannonie vers l'an 170 de Jésus-
Christ, mais ils en furent chassés par l'empereur Marc Aurèle.
Ils firent ensuite la paix avec les Romains, s'unirent à eux, et
en obtinrent un établissement dans cette même province. C'est
de là qu'au commencement du ve siècle, ils s'acheminèrent
vers les Gaules, accompagnés de plusieurs autres peuplades
barbares.

Jamais ravages ne furent plus horribles que ceux qu'ils y
firent : les contemporains, qui avaient de si tristes termes de
comparaison à établir en ce genre, sont unanimes en ce point.
« Quand tous les flots de l'Océan, dit l'un d'eux, auraient inondé
cette contrée, ils n'y auraient point fait de si horribles dégâts.
On nous a pris nos bestiaux, nos fruits, nos grains; on a dé-
vasté nos vignobles et nos oliviers; nos villes, nos habitations
des champs, ont été détruites : le peu qui en reste demeure
abandonné; nous manquons même du courage nécessaire pour
faire servir ces choses à notre entretien. Les Goths et les Vandales ne sont occupés qu'à répandre le sang des peuples. Les

châteaux bâtis sur des roches escarpées, les bourgades situées sur les plus hautes montagnes, les villes entourées de murs et protégées par de larges fossés ou par de grandes rivières, n'ont pu garantir leurs habitants de la fureur de ces barbares : des populations entières ont été exterminées ou emmenées captives. »

Au mois d'octobre 409, les Vandales pénétrèrent dans l'Espagne, et avec eux y entrèrent tous les maux qui peuvent accabler l'humanité. Ils s'établirent dans la province qui aujourd'hui porte encore leur nom (Andalousie); et, chose étrange, ce peuple, si destructeur, devint soudain agriculteur paisible.

Les écrivains attachés à la cause de l'empire romain ont peint les Vandales sous les plus sombres couleurs. Salvien, qui, avec tous les catholiques, ses frères, voyait dans la chute de l'empire, et dans les horribles catastrophes dont elle était accompagnée, le doigt de Dieu, le juste châtiment de la corruption des Romains et du sang des martyrs qu'ils avaient répandu à flots ; Salvien, prêtre catholique, atteste, au contraire, que, parmi les nations suscitées de Dieu pour régénérer le genre humain sous le rapport moral, les Vandales occupaient le premier rang. Suivant lui, ils étaient exempts de tout vice national : aussi la Providence leur avait elle donné les deux meilleures provinces de l'empire : l'Espagne et l'Afrique.

Ce fut, continue ce Père, Dieu, plutôt que le comte Boniface, qui les amena en Afrique : eux-mêmes avouaient qu'ils cédaient moins à leur volonté qu'à une impulsion irrésistible (1). « Ces conscrits du Dieu des armées, dit à ce sujet M. de Châteaubriand, n'étaient que les aveugles exécuteurs d'un dessein éternel : de là

___

(1) Cœlestis manus ad punienda Hipanorum flagitia, etiam ad vastandam Africam transire cogebat. Ipsi denique fatebantur non suum esse quod facerent, agi enim se divino jussu ac perurgeri. (Salvien, Du Gouvernement de Dieu, livre VII).

cette fureur de détruire, cette soif de sang qu'ils ne pouvaient
éteindre ; de là cette combinaison de toutes choses pour leur
succès : bassesse des hommes, absence de courage, de vertu,
de talent, de gloire. Genséric était un prince sombre, sujet aux
accès d'une noire mélancolie; au milieu du bouleversement du
monde, il paraissait grand, parce qu'il était monté sur des
débris. Dans une de ses expéditions maritimes, tout était prêt,
lui-même embarqué : où allait-il ? il ne le savait pas. — Maître, lui dit le pilote, à quels peuples veux-tu porter la guerre?
— A ceux-là, répond le vieux Vandale, contre qui Dieu est
irrité.

« Salvien fait un tableau affreux de la corruption de l'Afrique en ce temps, et représente les Vandales comme les exécuteurs de la justice divine, irritée contre les crimes qui se commettaient dans cette province, contre l'impureté et les blasphèmes de ses habitants, et surtout contre son penchant invétéré
pour l'idolâtrie.

« Genséric passa donc en Afrique, par suite du traité qu'il
avait conclu avec le comte Boniface. Pour ajouter à l'épouvante
que devait causer son invasion, et faire croire son armée plus
nombreuse qu'elle ne l'était en réalité, il en fit faire le dénom-
brement, en y comprenant les hommes, les enfants, les vieillards et les esclaves. Il se trouva qu'il menait à sa suite quatre-
vingt mille personnes. Il fit aussitôt publier que ses combat-
tants s'élevaient à ce nombre.

« Il trouva l'Afrique dans le repos et dans l'abondance. Salvien la nommait *l'âme de l'empire*. Les Vandales en eurent bientôt changé l'aspect. L'Afrique dans ses terres fécondes fut écor-
chée par les Vandales, comme elle l'est dans ses sables stériles
par le soleil (1). »

« Cette dévastation, dit Possidonius, témoin oculaire, rendit

---

(1) Châteaubriand, Etudes historiques.

très-amer à saint Augustin le dernier temps de sa vie; il voyait les villes ruinées, et à la campagne les bâtiments abattus, les habitants tués ou mis en fuite, les églises dénuées de prêtres, les vierges et les religieux dispersés. Les uns avaient succombé aux tourments, les autres péri par le glaive ; les autres encore réduits en captivité, ayant perdu l'intégrité du corps, de l'esprit et de la foi, servaient des ennemis durs et brutaux... Ceux qui s'enfuyaient dans les bois, dans les cavernes et les rochers, ou dans les forteresses, étaient pris et tués, ou mouraient de faim (1). »

« Les Vandales arrachèrent les vignes, les arbres à fruit, pour que ceux qui avaient trouvé une retraite dans les antres des montagnes fussent privés d'aliments. Ils rasèrent les édifices publics échappés aux flammes, dans quelques cités il ne resta pas un seul homme vivant. Quand ils rencontraient une ville fortifiée qui résistait à leurs moyens d'attaque, ils rassemblaient autour de son enceinte une multitude de prisonniers, qu'ils passaient au fil de l'épée; l'infection de ces cadavres amoncelés autour des murs, sous un soleil brûlant, se répandait dans l'air, et les barbares laissaient au vent le soin de porter la mort dans les murs qu'ils n'avaient pu franchir (2). »

C'était surtout contre les églises et les monastères qu'ils s'acharnaient. Ils employaient les tortures les plus cruels pour obliger les prêtres à leur livrer l'or et l'argent des églises. Ils ne voulaient jamais croire qu'on leur eût tout livré, et plus on leur donnait, plus ils tourmentaient et exigeaient. Un grand nombre d'évêques et de personnages de la plus haute distinction furent réduits par eux en esclavage, et condamnés à porter des fardeaux comme des bêtes de somme. Pour les presser de mar-

---

(1) Traduction de Fleury, Hist. ecclésiastique.

(2) Châteaubriand, Etudes historiques ; Victor, Vitensis Episcopus, de Persecutione Africâ, I.

chér, les Vandales les piquaient avec leurs lances ou leurs épées, de sorte qu'on en vit plusieurs mourir sous le faix.

Ils arrachaient les enfants des bras de leurs mères, et, sous les yeux de ces malheureuses, ils les écrasaient sous leurs pieds, ou les fendaient en deux d'un coup de leur sabre. Mansuet, évêque d'Urice, fut brûlé vif; Panpinien, évêque de Vite, eut tout le corps couvert de plaques de fer rouge.

« Saint Augustin, l'homme de Dieu, dit son biographe Possidius, vit comme les autres le commencement et les suite de ces ravages, mais il les vit avec des pensées bien différentes de celles des autres hommes. Il y découvrit des maux et des dangers bien plus terribles que ceux qui frappaient la plupart des autres hommes; et, prévoyant tous les périls auxquels cette incursion des barbares exposait les âmes, et ou plusieurs d'entre elles pouvaient périr, ses larmes ordinaires redoublaient, et elles devinrent, selon l'expression du prophète, un pain dont il se nourrissait le jour et la nuit. Il passa ainsi le reste de ses jours, et acheva sa vieillesse dans une amertume et une tristesse dont celle des autres n'approchait pas. »

Au sein de ces calamités, les évêques d'Afrique consultèrent saint Augustin sur la règle de conduite qu'ils devaient adopter. Quodvultdeus, l'un de ces prélats, lui écrivit pour lui demander s'il pouvait laisser fuir ses peuples, et se retirer lui-même pour éviter ce péril. Saint Augustin lui répondit qu'il ne devait point détourner les fidèles de fuir le danger, mais que les évêques ne pouvaient abandonner leurs églises, ni rompre les liens qui les attachaient à leur ministère; qu'ils ne pouvaient donc faire autre chose que de s'abandonner avec une entière confiance à la volonté de Dieu, et de tout attendre de son secours.

Cette réponse ayant été publiée, un évêque nommé Honoratus ne la trouva pas assez explicite. Il objecta à saint Augustin que Jésus-Christ avait lui-même commandé de fuir le danger, et en avait donné l'exemple. Saint Augus-

tin lui répondit par une lettre fort belle et pleine des plus
beaux sentiments. Honorat lui avait cité ces parole de l'Evangile : « Lorsqu'on vous persécutera dans une ville, fuyez dans
une autre. »

« Qui croira, dit le saint, que le Seigneur ait voulu ordonner, par ces paroles, que les troupeaux qu'il a rachetés de son
sang seront abandonnés, privés du ministère sans lequel ils ne
peuvent vivre? Est-ce là ce qu'il a fait lorsque, porté par ses
parents, il a fui tout enfant en Egypte? Il n'avait point encore
assemblé d'Eglises, qu'il dût craindre d'abandonner. Si quelque évêque était poursuivi, il pourrait fuir de cité en cité,
parce que son Eglise ne serait point pour cela privée de pasteur. Si la population entière pouvait fuir vers les lieux for-
tifiés, l'évêque devrait la suivre; mais il y a toujours des
fidèles qui ne peuvent fuir, et c'est près de ceux-ci que l'évêque
doit demeurer, parce qu'ils ont le plus besoin de ses secours
spirituels; il doit vivre avec eux et souffrir avec eux ce qu'il
plait au père de famille de leur envoyer... Ceux-là souffrent
pour les autres qui, pouvant fuir, ont préféré demeurer et ne
point abandonner leurs frères dans leurs malheurs. C'est là
cette charité que recommande l'apôtre saint Jean, quand il dit :
Le Christ a donné sa vie pour nous; nous devons de même
donner la nôtre pour nos frères. » Ceux qui sont pris lorsqu'ils fuyaient, ou lorsqu'ils étaient retenus malgré eux, souffrent pour eux et non pour leurs frères; mais ceux qui,
lorsque leurs frères avaient besoin d'eux pour faire leur salut,
n'ont pas voulu les abandonner, ceux-là, sans aucun doute,
donnent leur vie pour leurs frères. Personne, sans doute,
n'exigera que les ministres du Seigneur demeurent dans des
lieux où leur ministère ne peut plus s'exercer, parce que leur
troupeau est détruit ou dispersé. Mais si le troupeau reste, et
que les ministres prennent la fuite, et le privent de leur
ministère, leur fuite ne sera-t-elle pas comparable à celle de
ces mercenaires qui n'ont aucun souci de leurs brebis? Ayons
plus peur de voir les pierres vives de l'Eglise périr en notre

absence que de voir les pierres et les bois des édifices matériels consumés en notre présence. Craignons que les membres du corps du Christ ne périssent privés de la nourriture spirituelle, plutôt que de craindre que les membres de notre corps n'aient à subir la violence d'un ennemi... »

Comme il fallait que quelques ecclésiastiques se retirassent pour servir ceux qui échapperaient aux barbares, il ajoute que, pour ceux qui prendraient ce parti ne passassent point pour lâches, on pouvait tirer au sort pour décider quels seraient ceux qui partiraient et ceux qui resteraient. Il termine sa lettre en disant que le meilleur conseil que l'on pût prendre dans ces malheurs, c'était de recourir à la prière, en demandant à Dieu qu'il eût pitié de son peuple.

Tous les ravages des barbares ne pouvaient imposer silence aux controverses religieuses, ni empêcher saint Augustin de défendre la vérité contre ceux qui l'attaquaient. C'est ainsi qu'il continua dans ce temps-là même de s'occuper de la polémique que Julien avait engagé contre lui, à propos de son livre sur le *Mariage*, et dont nous avons parlé plus haut. Il fit un dernier ouvrage contre cet hérésiarque, et y travailla jusqu'à la fin de sa vie, et même tandis que les Vandales l'assiégeaient dans Hippone. Il interrompit ce travail à diverses reprises, tantôt pour rassembler ses principales lettres et les revoir, pour les publier, tantôt pour engager et soutenir, par écrit, d'importantes discussions contre les ariens, les pélagiens ou les semi-pélagiens. Il soutint une polémique publique contre Maximin, évêque arien. Après la conférence, celui-ci osa se vanter, à Carthage, d'avoir battu saint Augustin sur la question qui divisait l'arianisme et le catholicisme, la divinité de Jésus Christ. Mais, dans cette même conférence, tous deux s'étaient engagés à la continuer par écrit. Saint Augustin, pour tenir son engagement, publia un ouvrage en trois livres, où il réfuta, l'une après l'autre, toutes les propositions hérétiques de Maximin, et le somma de lui répondre catégoriquement. Mais Maximin crut devoir s'en dispenser.

« En même temps, dit un historien, que saint Augustin combattait pour la divinité du Verbe, il n'oubliait pas que le
Verbe l'avait aussi chargé du soin de sa défense (1). Le midi de
la Gaule avait presque tout entier adopté les erreurs de Pélage,
un petit nombre de personnes, à la tête desquelles se trouvait
saint Prosper, luttaient seules contre le torrent : elles prièrent
saint Augustin de seconder leurs efforts, d'autant plus que les
pélagiens soutenaient que leur doctrine avait pour elle l'autorité de la tradition et celle des Pères de l'Eglise.

Saint Augustin prit donc la plume, et, malgré les immenses
travaux dont il était déjà accablé, malgré le bruit de l'invasion
et de la guerre, qui grondait autour de lui, il composa deux
ouvrages : *De la Prédestination des Saints* et *du Don de la
Persévérance*, qui ont été honorés du suffrage et de l'admiration de tous les siècles suivants, » et où, dit Tillemont, on
trouve tant de lumière et de force, qu'ils semblent surpasser
les efforts et la puissance d'un homme, et ne pouvoir être que
la production et l'ouvrage d'un saint. » En effet l'Eglise, par
l'organe de plusieurs papes et plusieurs conciles, a déclaré que
sa doctrine sur la grâce n'était autre que celle qui est exposée
et soutenue dans les écrits de saint Augustin en général, mais
particulièrement dans ces deux derniers.

Cependant la détermination du comte Boniface avait causé à
Rome une surprise douloureuse. Ses amis ne pouvaient croire
que la soif seule de régner l'y avait poussé. Quelques-uns
d'entre eux, par l'ordre de Placide, partirent pour l'Afrique,
y virent Boniface, s'entretinrent avec lui de toute l'affaire,
prirent connaissance des lettres d'Aétius, y découvrirent le fil
de l'intrigue, et se hâtèrent de retourner à Rome pour y rendre compte de leur mission. Quoique la perfidie d'Aétius eût
été ainsi mise au jour, l'impératrice Placidie n'osa point punir

---

(1) M. de Tillemont.

re général, soit qu'elle redoutât sa puissance, soit à cause du grand besoin qu'elle en avait dans la situation déplorable où se trouvait l'empire. Elle supplia seulement les amis de Boniface de réveiller dans son cœur l'amour de la patrie, pour que l'empire romain ne succombât point sous les barbares. Elle assurait en outre, sous la foi du serment, qu'il n'aurait rien t craindre, et que sa vie et sa personne seraient respectés s'i voulait faire sa soumission.

Cette dépêche éveilla dans l'âme du comte Boniface le repentir de sa faute. Il pria donc les barbares de se retirer de l'Afrique. Les Vandales accueillirent sa demande avec mépris. Il fallut en venir aux armes. Boniface, vaincu, se réfugia dans Hippone, la plus forte ville maritime de la Numidie. Les Vandales l'y assiégèrent; mais ils ne purent forcer la place. Ils levèrent le siége, et, comme, dans l'intervalle, Boniface avait reçu des secours de Rome et de Constantinople, il tenta une seconde fois la fortune des combats ; mais, accablé par le nombre, il fut encore vaincu, et s'enfuit en Italie. Hippone, attaquée une seconde fois, fut prise presque sans coup férir et brûlée (432).

Saint Augustin ne fut point témoin de cette dernière calamité. Trois mois après le commencement du premier siége d'Hippone, il tomba malade. Il n'en continua pas moins à travailler, principalement à son ouvrage contre Julien, sans que les assauts des Vandales pussent l'en détourner. Plusieurs évêques, qui s'étaient jetés dans ce dernier boulevard de l'Afrique, avec les débris de leurs troupeaux, demeuraient avec saint Augustin, l'assistaient dans ses souffrances.

Possidius, l'un d'eux, qui a laissé une biographie du Saint, parle de ces tristes moments : « Les malheurs que nous voyions faisaient le sujet de nos entretiens habituels. Nous considérions les jugements terribles que la divine justice exerçait devant nos yeux, et nous disions : Vous êtes juste, Seigneur, et vos jugements sont équitables. Nous mêlions ensemble nos douleurs, nos gémissements et nos larmes, et nous en faisions

un sacrifice au Père des miséricordes et au Dieu de toute consolation, pour le prier de nous secourir et de nous délivrer des
maux que nous souffrions et que nous craignions.

» Je me souviens qu'un jour, comme nous nous entretenions
avec lui à table sur les misères du temps : Ce que je demande
à Dieu, nous dit-il, parmi des misères si affligeantes, c'est
qu'il lui plaise de délivrer cette ville des ennemis qui l'assié-
gent, ou, s'il en a ordonné d'une autre manière, qu'il donne à
ses serviteurs la force de supporter tous les maux qu'il per-
mettra qu'il leur arrive, ou au moins qu'il me retire de ce
monde et qu'il daigne m'appeler à lui.

» Nous profitâmes de cette instruction, et nous nous joigni-
mes à lui, nous et ceux de notre compagnie, aussi bien que
les autres qui étaient alors dans la ville, pour faire à Dieu la
même prière.

» Le troisième mois du siège, le Saint fut attaqué de la
fièvre, qui l'obligea de se mettre au lit, et il ne s'en releva pas.
On vit par là que Dieu n'avait pas rejeté la prière de son serviteur, de même qu'en d'autres occasions il avait exaucé les
prières et les larmes qu'il lui avait adressées, en lui demandant
quelque grâce, soit pour lui, soit pour les autres. »

Le même biographe de saint Augustin, auquel sont empruntés ces détails, les seuls qu'on ait sur la mort de saint Augustin,
raconte que, tandis que ce saint, couché sur son lit de mort,
était déjà à l'agonie, un homme dont le fils était malade le lui
amena et le pria d'imposer les mains à cet enfant pour lui rendre la santé. Le Saint répondit que, s'il avait le pouvoir de
guérir ainsi les malades, il aurait commencé par lui même.
Mais cet homme lui dit qu'il avait eu un songe dans lequel une
voix avait proféré ces paroles : « Allez trouver l'évêque Augustin, priez-le d'imposer les mains à votre fils, et celui-ci recou-
vrera la santé. » Saint Augustin fit alors ce que cet homme lui

— 174 —

demandait : il imposa les mains au jeune malade, qui à l'instant même fut guéri (1).

« Dieu, dit à ce sujet le biographe, voulut, par ce miracle qu'il fit faire par le saint à l'extrémité de sa vie, sceller en quelque sorte la sainteté de cette vie, ainsi que ses pieux et savants écrits. Je sais aussi que, lorsque Augustin n'était que prêtre, et depuis qu'il fut évêque, on est venu lui demander de prier pour les possédés, et qu'ayant offert à Dieu ses prières et ses larmes, il obtint la délivrance de ces personnes. »

Ce sont là, du reste, les seuls miracles de ce genre que l'on connaisse de saint Augustin. On pourrait d'ailleurs lui appliquer ce que le pape Jean XXII disait de saint Thomas d'Aquin : « Il n'est pas nécessaire de rechercher avec tant de soin les miracles qu'il pourrait avoir faits : ses premiers miracles sont ses ouvrages et les solutions merveilleuses qu'il a données à une foule de questions importantes. »

Il voulut consacrer les derniers jours de sa vie à la pénitence : il fit transcrire en gros caractères les psaumes de David sur la pénitence, et en fit appliquer la copie contre la muraille qui était près de son lit, d'où il les lisait, en versant des torrents de larmes. Et, afin de n'être pas interrompu dans cette occupation, il pria ses amis et les évêques qui habitaient dans sa maison de n'entrer dans sa chambre qu'en même temps que le médecin ou les gens de service. On fit ce qu'il souhaitait et il put ainsi consacrer exclusivement à la prière les dix derniers jours de sa vie.

Il mourut dans la nuit du 28 au 29 août 430, à l'âge de soixante-seize ans, après avoir été près de quarante ans prêtre ou évêque. Il venait à peine de fermer les yeux lorsque l'on reçut une lettre de l'empereur d'Orient, Théodose-le-Jeune, qui le priait instamment d'assister en personne au concile

(1) Possidius, Vie de saint Augustin, C. 29.

œcuménique d'Ephèse, qui devait s'assembler à quelques temps de là.

Le corps du saint fut enseveli dans la basilique de Saint-Etienne, à Hippone : il y demeura environ cinquante-six-ans, jusqu'à ce que les évêques d'Afrique, que Hunéric, roi des Vandales, avait relégués en Sardaigne, l'y transportassent avec eux. Il reposa dans cette île deux cent trente-trois ans, et il fit beaucoup de miracles. Les Sarrasins s'étant rendus maîtres de la Sardaigne, Luitprand, roi de Lombardie, leur acheta ces précieuses reliques pour une somme énorme. Il les fit transporter à Pavie, et les ensevelit dans l'église de Saint-Pierre, le 28 février 710 (1). Quelques doutes s'élevèrent, au xiii° siècle, sur la place où elles étaient ensevelies : on prétendit qu'après avoir été perdues, elles avaient été retrouvées, et le Père don Bernard de Monfaucon fit même imprimer la relation de cette découverte dans son savant voyage en Italie (2).

La principale autorité sur laquelle on se fonde pour établir la translation des reliques de Sardaigne à Pavie, c'est celle d'Oldrad, archevêque de Milan, que Charlemagne avait chargé d'examiner cette question, et qui fit un petit ouvrage là-dessus. On sait que ces cendres ont été récemment rendues à la terre d'Afrique.

Jamais vie d'homme ne fut mieux remplie que celle de saint Augustin. Quand on considère l'énorme quantité d'ouvrages qui sortirent de sa plume, l'on est tenté de croire, au premier abord, que sa vie tout entière y fut consacrée (3), et cependant ce

---

(1) Voir don Mabillon, Voyage en Italie.

(2) On n'est pas d'accord sur l'année : Luiprand ne monta sur le trône que le 2 avril 712 ; aussi les uns placent-ils cette translation en 712, les autres en 718, et quelques-uns même seulement en 725. Mais on est fixé sur le jour et le mois où elle se fit.

(3) Saint Augustin publia quatre-vingt-treize ouvrages en deux cent trente-deux livres, sans compter ses lettres, qui, au nombre de plus de

n'est là que le fruit des moments qu'il pouvait dérober aux affaires qui le sollicitaient de toutes parts.

Quels que soient les soins et les travaux qu'impose de nos
jours à ceux qui en sont revêtus le caractère de l'épiscopat, ils
étaient bien autres au IVe et Ve siècles. L'évêque prêchait, entendait à confesse, célébrait chaque jour en public les offices,
administrait les biens de son Église, instruisait lui-même et
dirigeait son clergé, entendait et jugeait les procès, donnait des
consultations pour les intérêts spirituels de ses fidèles et pour
leurs affaires temporelles, assistait à des conciles provinciaux
qui souvent se renouvelaient plusieurs fois l'année, discutait
oralement ou par écrit contre les hérétiques et les païens, travaillait à les convertir, publiait des instructions et des ouvrages sur toutes les questions qui surgissaient, visitait les pauvres, les malades, intercédait près des puissants du jour en
faveur des opprimés, en un mot, était le centre d'activité, l'âme
de tout son diocèse.

« Si je pouvais, écrit saint Augustin à son ami Marcellin,
vous rendre compte de mon temps et des ouvrages auxquels j'ai
été obligé de mettre la main, vous seriez surpris et affligé de la
quantité d'affaires qui m'accablent... Quand j'ai un peu de
relâche de la part de ceux qui ont recours à moi, je ne manque
pas d'autre travail; j'ai toujours quelque chose à dicter qui
me détourne de suivre ce qui serait plus de mon goût dans les
courts intervalles de repos que m'accordent les besoins ou les
passions des autres. »

Saint Augustin eût désiré une toute autre vie : s'il eût été
libre de choisir, il eût voulu passer chaque jour une partie de
son temps à un travail manuel, et le reste à prier, à lire et à

deux cents, forment à elles seules un très-gros volume. Ses œuvres complètes remplissent vingt-six gros volumes du format grand in-8° à deux
colonnes.

étudier les lettres sacrées. « Il n'y aurait personne, dit-il, qui
fût plus porté que moi à une vie si agréable, si paisible et si
pure. Y a-t-il rien de plus utile et de plus doux que d'approfondir les trésors de Dieu, loin du bruit et du tumulte des
hommes? Quels biens et quelles douceurs n'y trouve-t-on pas !
Mais, de prêcher, de reprendre, de corriger, d'être obligé de
prendre soin de tout le monde, quel poids, quelle charge, quelles difficultés ! Qui se soumettrait à un emploi aussi laborieux
'il ne craignait les menaces de l'Evangile. »

Il éprouvait au plus haut degré ce besoin, cet amour de la
vie méditative, qui ont toujours sollicité les âmes d'élite. Son
imagination était vive, nette et d'une fécondité inépuisable. Son
érudition était prodigieuse pour son temps. Ce puissant génie
avait su s'approprier toutes les sciences connues alors : théologie, méthaphysique, politique, histoire, littérature, musique,
poésie, beaux-arts, archéologie, philosophie, mathématiques,
il avait tout étudié, il savait tout ce que savaient ses contemporains. Quand cet esprit subtil, pénétrant, abordait une question, il y enfonçait si avant, la fouillait si profondément, qu'il
semblait, après qu'il l'avait exposée, que tout était dit. Il n'y
avait pas dans l'âme humaine de repli si caché qu'il ne l'eût
découvert. Aussi reconnaissait-il parfaitement le chemin des
cœurs.

Sa parole avait d'ailleurs cette propriété merveilleuse qui a
de tout temps caractérisé les grands, les vrais orateurs : en
pénétrant dans les organes, elle y causait je ne sais quel ébran-
lement indéfinissable, quelle action mystérieuse, qui faisait,
pour ainsi dire, sentir ce que l'on entendait. Son éloquence
était toute puissante : il avait le secret de toucher et de char-
mer à la fois, et, quand il le fallait, d'arracher les larmes, de
faire éclater les sanglots de son auditoire. Il possédait ce qui,
selon Démosthène, est la première qualité du grand orateur :
l'art si difficile du geste ; et il l'avait avec autant plus d'avantage qu'il parlait presque toujours d'abondance. Il improvisait

..8

avec une incroyable facilité, ce qui n'empêchait nullement que son style ne fût net, vif, aisé, naturel et surtout pittoresque.

Il était formidable, invincible dans la discussion : son rare talent de dialecticien était célébré même par ses ennemis, et il vint un temps où aucun hérétique n'osa plus entrer en lice contre lui. Leurs plus rudes champions s'étaient mesurés avec lui et avaient été forcés de lui rendre les armes. Mais aussi nul ne savait mieux que lui retorquer ou réduire en poussière l'argument le plus solide en apparence. Puis, quand il avait triomphé, ce terrible adversaire subjuguait ceux qu'il avait vaincus par sa simplicité, sa modestie, sa douceur, son ardente charité.

L'excellence de son cœur a fait faire plus de prosélytes au christianisme que n'eussent pu les plus habiles raisonnements. En peu d'années il changea la face de son diocèse; quand il y vint, les catholiques n'y formaient qu'une imperceptible minorité ; il y était à peine depuis quelque temps que les positions étaient changées, et que le schisme n'y comptait plus que de rares partisans.

Son style se ressentit de la diversité de ses études. Les ouvrages de sa jeunesse ont une pureté et une élégance cicéronniennes qui trahissent ses études profanes; mais, à mesure qu'on s'éloigne de cette époque, on sent que les traditions des beaux siècles de la littérature et le souvenir de ses études s'évanouissent peu à peu, et font place au goût du siècle, souvent même à l'incorrection et à la barbarie africaine; mais sous cette diversité dans la forme se retrouve toujours un fond commun : de vives et naissantes images, une expression nette, claire, facile, et qui semble moins faite pour la pensée que la pensée ne semble faite pour elle; une fécondité prodigieuse d'idées, de faits et d'arguments ; une richesse, une exubérance qui déborde de toutes parts.

Il est vrai qu'à ces qualités se joignent des défauts considérables : c'est ainsi que si l'on excepte les ouvrages de sa jeunesse, ses *Confessions* et ses *Méditations*, on trouve dans ses écrits plus de raison, de force et d'imaginations que de goût. L'anti-

thèse y abonde jusqu'à l'abus ; il ne sait pas toujours s'astreindre à un plan bien déterminé et se perd souvent dans des digressions qui ne se rattachent pas suffisamment au sujet, ou ne
tendent pas assez directement au but.

Son chef-d'œuvre, ce sont ses *Confessions.* Elles ont toutes
les qualités de ses autres écrits et n'en ont aucun des défauts :
c'est une œuvre d'art digne d'être mise à côté des plus beaux
monuments de l'antiquité. Elles ont même sur eux une supériorité incontestable sous un certain point de vue : c'est celle
qu'elles tiennent de ce fonds de mélancolie qui est répandue
dans tout l'ouvrage, et dont on ne trouve guère d'analogue que
dans la morbidesse des tons que l'on remarque dans certains
tableaux de Raphaël. Ce livre est d'ailleurs le premier modèle
de ces révélations intimes qui appellent sur un homme la sym-
pathie de tous les temps et de tous les hommes, comme les
*Rétractations* sont le premier modèle d'une critique éclairée et
de bonne foi, exercée sur les œuvres de sa propre pensée. C'était
comme un double testament qu'il voulait laisser après lui.

Ce qui fait le charme principal des œuvres de saint Augustin
c'est la vive sensibilité qui les anime ; tout y parle au cœur,
parce que tout y est profondément senti et, pour ainsi dire,
vivant. Elles seront toujours lues avec ardeur, tant qu'il y aura
parmi les hommes des âmes rêveuses, tendres et croyantes, ou
tourmentées du désir de croire. Ecoutons-le parler, dans ses
Soliloques, des ennuis et des misères de la vie. « Je m'ennuie
bien, ô mon Dieu, de ce pèlerinage si pénible. Cette misérable
vie est sujette à mille maux capables de la détruire , tout y est
incertain, à la réserve des peines qu'on est sûr d'y trouver. Ce
n'est qu'iniquité : les plus méchants y sont les maîtres, les
plus superbes y dominent; elle est sujette à tant d'erreurs
de misères que c'est bien moins une vie qu'une véritable mo.
Nous nous voyons tous à chaque instant mourir d'autant de
morts différentes que nous sommes sujets à différents changements. Comment serait-ce une véritable vie que celle que l'on
mène en ce monde? Ce n'est qu'une faible étincelle, que le

moindre souffle et la moindre humeur sont capables d'éteindre.
Est-il quelque espèce de misère à laquelle nous ne soyons
point sujets dans cette chair mortelle? Les douleurs l'exté-
nuent, les chaleurs la desséchent, la moindre intempérie de
l'air n'est que trop capable d'altérer ce qui peut lui rester de
vigueur ; l'excès de nourriture la surcharge, les jeûnes l'épui-
sent, les plaisirs l'affaiblissent, mille ennuis la consument,
mille soins la tourmentent, l'inaction l'engourdit. Qu'est ce
que cette vie, où la prospérité ne fait qu'enfler le cœur, l'ad-
versité le resserrer ; où la jeunesse n'est que témérité, qu'in-
constance, la vieillesse que pesanteur, qu'assoupissement ; où
mille infirmités nous accablent, où mille chagrins nous dévo-
rent, où, pour comble de maux, nous sommes sujets à la mort,
qui nous enlève avec tant de fureur à cette misérable vie et à
ses faux plaisirs qu'à peine cessons-nous de vivre, il semb'e
que nous n'ayons pas vécu? Et quoique cette vie mourante,
ou plutôt cette mort vivante, ne soit pleine que de véritables
amertumes, combien encore s'en trouve-t-il, hélas ! qui, charmés de ses fausses douceurs, s'en laissent misérablement séduire, jusqu'à s'enivrer des appas trompeurs qu'elle leur présente sans cesse dans une coupe d'or ! Heureux, mais infiniment rares, ceux qui n'ont que du mépris pour les vanités de
ce monde! On ne peut s'attacher à des biens aussi périssables
sans se mettre soi-même en danger de périr avec eux. »

Une fois qu'il fut entré dans le giron de l'Eglise, saint Augustin ne cessa d'écrire pour faire voir que la doctrine chrétienne
offrait seule une solution définitive de ces grands problèmes que
la philosophie ancienne avait soulevés et laissés obscurs, et que
résolvait encore moins le manichéisme. Après avoir combattu
les obstacles extérieurs, il voulut également triompher des obstacles intérieurs, en ramenant tout à l'unité de dogme et de
discipline. Les pélagiens, les semi-pélagiens, les priscillianistes, les donatistes, tous les schismatiques et hérétiques, si nombreux dans ces premiers siècles, le trouvèrent constamment sur
la brèche, prêt à la conciliation sur les petites questions de dis-

cipline, à la guerre de l'intelligence sur les questions les plus importantes du dogme. Le premier, en Occident, il donna une forme systématique à la doctrine évangélique; il inventa l'expression du *péché originel*, et établit avec de larges et définitifs développements, la doctrine de la grâce; enfin, cherchant à concilier les idées philosophiques et le christianisme, il alla jusqu'à donner de la sainte Trinité une explication fondée sur les systèmes de la philosophie antique (1).

On a déjà pu voir plus haut qu'il excellait dans la prédication : ce fut surtout depuis son épiscopat qu'il utilisa son talent dans ce genre en faveur de l'Eglise. Il continua cette fonction de son ministère jusqu'à la mort, avec la même ardeur, le même bonheur et la même force. On en avait une si haute idée, alors même qu'il était encore jeune, que, où qu'il se trouvât, s'il fallait parler au peuple, c'était toujours lui qu'on choisissait pour le faire ; et il était bien rare qu'on lui permît d'écouter les autres et de demeurer dans le silence.

Il était d'une faible santé; aussi dit-il qu'il fut « vieux par les infirmités de son corps longtemps avant que de l'être par l'âge. » Il supportait néanmoins ses maux avec une grande patience. « Dans cet état même, dit-il, je ne saurais dire autre chose sinon que je suis bien, puisque je suis comme Dieu veut que je sois; car quand nous ne voulons pas ce qu'il veut, c'est nous seuls qui sommes en faute, et non pas Dieu, qui ne saurait rien faire ni permettre que de juste... Je recommande donc à vos saintes prières et mes jours et mes nuits; les jours, afin que j'use sobrement des soulagements que je suis obligé de chercher, et les nuits, afin que je supporte les douleurs avec patience. » Cette faiblesse extrême de sa santé le fit toujours dispenser des voyages que ses confrères faisaient au-delà des mers, en qualité de députés de la cour de l'empereur.

Sa tenue était des plus modestes; il ne portait aucun vêtement

(1) Notice littéraire sur saint Augustin par M. Bochon.

qui le distinguât des prêtres de sa communauté. « Que personne, dit-il, ne nous donne ni habits, ni chemise, ni tunique, ni quoi que ce soit, sinon pour la communauté tout entière. Je ne prendrai mes vêtements que parmi ceux de notre communauté : je ne veux rien avoir qui ne soit aussi aux autres. Je vous prie donc, mes frères, de ne point me présenter d'habits dont les autres ne puissent se servir avec bienséance, aussi bien que moi. On m'apportera, par exemple, un vêtement de grand prix : peut-être qu'un évêque peut s'en servir, mais cela ne convient point à Augustin, qui est pauvre et né de parents pauvres. Voulez-vous qu'on dise que j'ai trouvé dans l'Eglise le moyen d'avoir des habits plus riches que je n'en eusse pu avoir chez mon père, ou dans l'emploi que j'avais dans le siècle ? cela me serait honteux. Il faut que mes habits soient tels que je puisse les donner à mes frères s'ils n'en ont point. Je n'en veux point d'autres que ceux que peut porter un prêtre, un diacre, un sous-diacre, parce que je reçois tout en commun avec eux. Si l'on m'en donne de plus chers, je les vendrai, comme je fais ordinairement, afin que, si ces habits ne peuvent pas servir à tous, l'argent qu'on en aura tiré puisse y servir. Je les vends donc, et j'en donne le prix aux pauvres. Que si l'on souhaite que je porte ceux que l'on me donne, que l'on m'en donne qui ne me fassent point rougir. Car, je vous l'avoue, un habit de prix me fait rougir, parce qu'il ne convient point à ma profession, à l'obligation où je suis de prêcher, à un corps cassé de vieillesse, à ces cheveux blancs que vous me voyez. »

Il était chaussé, et disait à ceux qui allaient pieds nus : « J'aime votre courage, souffrez ma faiblesse. » Il mangeait toujours à la même table que ses clercs, et des mêmes aliments. Sa nourriture était simple et frugale. Sa santé l'obligeait à ne s'abstenir ni de vin ni de viande, mais il n'en faisait usage qu'avec une réserve extrême. A part les couverts, qui étaient d'argent, on ne voyait sur sa table que des vases de bois, de terre ou de pierre.

Il recevait chez lui un grand nombre d'étrangers, souvent

même d'inconnus, envers lesquels il exerçait les devoirs de
l'hospitalité. Il avait pour principe de ne repousser personne,
pensant qu'il valait mieux s'exposer à recevoir un méchant
qu'à faire un mauvais accueil à un serviteur de Dieu. Quoiqu'il
eût ainsi presque chaque jour du monde à sa table, il ne s'écar-
tait néanmoins jamais de ses habitudes de frugalité et d'austérité. Afin que l'heure même des repas ne pût se passer sans
profit pour son intelligence, il faisait lire, ou l'on y examinait
quelque question intéressante. Pour en exclure la médisance et
la calomnie, il avait fait écrire dans son réfectoire deux vers
dont le sens était que ceux qui avaient l'habitude de parler mal
des absents devaient regarder ce lieu comme leur étant interdit.
Et il reprit plusieurs fois fort sérieusement ses amis, et même
de grands personnages, qui, mangeant avec lui, ne se conformaient pas à la recommandation qu'il leur faisait par ce disti-
que, leur disant qu'il fallait effacer ces deux vers, ou lui permettre de se lever de table.

Tous les prêtres, diacres et sous-diacres qui desservaient son
Eglise, habitaient et vivaient en commun avec lui dans la maison épiscopale. Ils menaient ensemble la vie des premiers chrétiens. Nul d'entre eux n'avait ni ne devait avoir rien en propre.
C'était la loi à laquelle devaient s'astreindre tous ceux qui en-
traient dans son clergé ; et il n'ordonnait aucun clerc, à moins
qu'il ne s'engageât d'abord à se conformer à cette règle. Et, s'il
arrivait que l'un d'eux quittât cette vie, il le dégradait comme
un déserteur de la sainte société où il était entré. Tous ses
ecclésiastiques, et lui le premier, étaient donc pauvres, n'ayant
d'autre ressource que ce qu'il plaisait à Dieu de leur envoyer
par l'intermédiaire des fidèles, et par les offrandes qu'on leur
distribuait à chacun selon ses besoins. Ceux qui, entrant dans
son clergé, avaient quelque chose, étaient obligés de le distribuer aux pauvres, ou de le mettre en commun, ou de s'en défaire de quelque autre manière; de sorte que tous ses clercs
etaient égaux en biens ou plutôt par leur commune indigence.
Il chargeait les plus capables d'entre eux de l'administration

des biens de la communauté, chacun à son tour et pendant un an. Celui qui remplissait cette fonction portait le nom de prévôt (*præpositus*) : il avait droit de traiter avec des tiers au nom de la communauté, dont les clés et le sceau étaient entre ses mains.

Il ne souffrait pas qu'aucune femme demeurât dans sa maison, et ne faisait pas même exception à cette règle en faveur de sa sœur. Il en donnait entre autres pour raison que, bien qu'il ne craignît point que l'on conçût de mauvais soupçons s'il avait chez lui sa sœur ou quelque très-proche parente, néanmoins, comme il ne pouvait se faire que celles-ci n'eussent avec elles d'autres femmes, ou n'en eussent du dehors, tout ce commerce de femmes pouvait être un sujet de scandale et de chute pour les faibles, une occasion de tentation et de péché pour ceux qui demeuraient avec l'évêque, ou au moins un aliment pour la médisance et les calomnies des méchants. Il pensait donc qu'il n'était pas bon que des femmes demeurassent dans la même maison que des hommes consacrés à Dieu, quelque chastes qu'ils pussent être.

Quand des femmes venaient pour le consulter, il ne se rendait jamais au parloir où il les recevait sans se faire accompagner de plusieurs ecclésiastiques, qui devaient toujours être témoins de la conversation, quelque secret qu'on eût à lui dire ou à lui demander.

Saint Augustin avait pour règle générale de n'accepter au nom de son Église aucune succession pour laquelle il y eût des héritiers naturels et légitimes, tels qu'un fils et un frère. Lorsqu'il arrivait qu'un père, irrité contre son fils, le déshéritait au profit de l'Église d'Hippone, saint Augustin rendait la succession au fils. Et comme le peuple d'Hippone s'en plaignait, le Saint lui répondit : « Si le père vivait encore, ne serais-je pas obligé de l'apaiser ? ne devrais-je pas réconcilier son fils avec lui ? Cependant puis-je dire que je voudrais le voir vivre en paix avec son fils si je convoite sa succession ? Il poussait même ce désintéressement plus loin, et on le vit renoncer à une riche succession qui, en droit, eût dû revenir à l'Église d'Hippone, pour'éviter lo scanda!e auquel eût donné lieu un procès s'il eût voulu soutenir ses droits en justice. Il se serait fait un scrupule d'amasser aucune épargne. « Un évêque, disait-il, ne peut pas garder de l'or, et renvoyer le pauvre qui lui demande l'aumône. Il y a tant de personnes qui nous demandent, qui pleurent devant nous, qui nous pressent, que, n'ayant pas de quoi donner à tous, nous sommes obligés d'en renvoyer plusieurs tristes et affligés de n'avoir pas reçu de secours de nous (1). » Quand il était réduit à cette dernière extrémité, il avertissait le peuple qu'il n'avait plus de quoi donner aux pauvres. « Je suis mendiant pour les mendiants, disait-il, et je le suis avec plaisir, parce que je vous offre ainsi une occasion de plus d'entrer dans le nombre des enfants de Dieu. »

Il proposa à son peuple, qui l'admit avec acclamation, la coutume de vêtir tous les ans un certain nombre de pauvres. On y manqua une seule fois, pendant une absence qu'il avait faite; mais il s'empressa d'écrire à ce sujet à son clergé et à son peuple.

Sa compassion alla maintes fois au point de lui faire fondre les vases sacrés de l'Église pour venir au secours des pauvres, ou pour racheter des captifs.

Une seule chose lui paraissait pénible quand il s'agissait de se rendre utile à ceux qui avaient besoin de lui : c'était d'aller solliciter pour eux chez les grands; et il avoue (2) qu'il n'était pas insensible à toutes les humiliations qu'il faut endurer pour leur parler, au risque encore de se voir repousser. Il savait d'ailleurs et disait que qui reçoit une grâce d'un homme puissant s'en fait un maître.

Dans les premiers siècles de l'Église, les chrétiens fuyant avec horreur les tribunaux païens, souillés par les images des dieux, s'adressaient à leurs prêtres et à leurs évêques pour

(1) Sermon 355.
(2) Sermon 302, 19.

faire juger les contestations qui s'élevaient entre eux. Saint Paul
lui-même le leur avait prescrit. C'est ainsi que se forma, dans
l'empire romain, une juridiction nouvelle, que, plus tard, les
empereurs chrétiens confirmèrent et régularisèrent. Le jugement des procès devint une des plus grandes tâches des évêques, et saint Augustin se plaint souvent d'être obligé d'y consacrer un temps précieux. Il s'en acquittait d'ailleurs avec le
même soin et la même conscience qu'il apportait dans toutes
ses fonctions. Il cherchait surtout à amener des conciliations
entre les parties plaidantes, et exhortait ceux auxquels on sus-
citait des procès injustes à faire quelque sacrifice d'argent pour
s'en délivrer.

« Quelqu'un, dit-il, dans un sermon, veut-il vous détourner
de Dieu en vous suscitant un procès? vous n'avez plus ni la
paix du cœur ni la tranquillité de l'esprit. Votre âme est dans
le trouble. Ne vaudrait-il pas mieux perdre un écu, et gagner
ce temps? Que si, lorsqu'on me fait juge de quelque procès,
j'exhorte une personne qui fait profession du christianisme à
perdre quelque partie de son bien pour ne pas perdre son temps,
ne suis-je pas obligé de presser l'autre avec bien plus de force
encore de rendre ce qui ne lui appartient point! Ce sont deux
chrétiens que j'ai à juger. L'un entend avec un malheureux
plaisir ce que dit l'Apôtre : Rachetez le temps, parce que les
jours sont mauvais. Je m'en vais, dit-il en lui-même, faire un
procès à ce chrétien; bon gré mal gré il me donnera au moins
quelque chose pour racheter le temps, parce qu'il sait ce que dit
l'Apôtre.

« Il est vrai que je conseillerai à celui qui sera poursuivi
par un tel homme d'abandonner quelque chose pour acheter
le loisir de Dieu. Mais celui qui l'attaque, n'aurai-je rien à lui
dire? ne lui reprocherai-je pas d'être un voleur et un calom-
niateur, un homme perdu, un enfant du démon? Peut-être en
rira-t-il, content d'emporter l'argent. Qu'il rie donc, qu'il rie
tant qu'il lui plaira; qu'il se moque de ce que je lui dis; qu'il

possè lo l'argent; mais il viendra un juge qui lui en demandera un terrible compte. »

Saint Augustin tirait parti même des procès pour attirer les âmes à Dieu; on peut juger par là du soin avec lequel il s'appliquait à instruire son troupeau et à lui distribuer la parole divine. Presque tous ses moments libres, il les employait à préparer les sermons qu'il devait faire à son peuple. Dans les premiers temps, il apprenait les sermons par cœur; plus tard, quand la multiplicité des affaires ne lui en laissa plus le loisir, il se borna à des méditations sérieuses sur les sujets sur lesquels il voulait parler. Il prêcha même plusieurs fois sans s'y être aucunement préparé, des circonstances imprévues l'obligeant à monter en chaire alors qu'il ne s'y était point attendu. Une telle facilité paraissait extraordinaire en ce temps; mais il faut observer qu'il n'y a rien de plus fréquent dans toutes les assemblées délibérantes un peu considérables. Saint Augustin prêcha plusieurs fois jusqu'à cinq jours de suite, et même deux fois par jour, sur des sujets différents.

La vieillesse et la maladie ne l'éloignèrent pas même de la chaire : il y montait encore lorsqu'il était si faible qu'il avait peine à parler : la prédication le ranimait, et l'ardeur qu'il éprouvait pour l'avancement spirituel de son peuple lui ôtait tout sentiment de fatigue.

Le prédicateur n'avait point alors, comme de nos jours, l'avantage de n'avoir point à craindre d'être interrompu : les populations ardentes de l'Afrique, habituées à aller entendre leurs sophistes et leurs orateurs, n'avaient point renoncé entièrement, en entrant dans l'Eglise, aux mœurs du forum et aux orages de la place publique. On ne faisait pas que prêcher dans l'église : on voit par les écrits de saint Augustin, que l'on y délibérait, que l'on y applaudissait, que l'on y murmurait. En certaines occasions, la basilique devenait le forum, et l'orateur sacré avait maintes fois à braver les orages de la tribune, comme s'il eût parlé au sein d'une assemblée profane; et l'on a pu voir plus haut que tout l'amour et toute la vénération que

les peuples professaient pour saint Augustin ne .avaient pas
toujours préservé de ces inconvénients : témoin l'ordination de
Pinarius, que le peuple voulut lui imposer.

Cet amour de son peuple, saint Augustin l'avait conquis par
un dévouement sans bornes. « Si vous voulez être aimé, dit-il
quelque part, aimez (1) ; » et il avait pratiqué ce précepte avec
le plus grand succès. Mais aussi comment un peuple n'eût-il
pas aimé un évêque qui lui disait, comme un autre Moïse ou
un autre saint Paul : « Mais je ne veux point être sauvé sans
vous. Que désiré-je? pourquoi parlé-je? pourquoi suis-je évêque? pourquoi suis-je au monde? sinon pour vivre à Jésus-
Christ, et pour y vivre avec vous. C'est là ma passion, mon
honneur, ma gloire, ma joie, mes richesses. »

Il ne bornait pas d'ailleurs ses soins et sa sollicitude à l'Église
d'Hippone, à laquelle, selon son expression, Dieu l'avait donné
pour serviteur : non qu'il s'ingérât dans l'administration des
autres diocèses, mais il ne se refusait jamais non plus à leur
rendre service lorsqu'ils l'en priaient ; et on le vit faire , dans
ce but, de longs voyages, et aller , malgré l'extrême faiblesse
de sa santé, jusqu'au fond de la Mauritanie , soit pour assister
à des conciles ou à des ordinations , soit pour aider ses confrères dans leurs luttes contre les hérétiques.

Il travailla toute sa vie avec une ardeur qui ne se démentit
ni ne s'affaiblit jamais, à la conversion des ennemis de l'Église,
et le fit avec le plus grand succès.

Saint Augustin a résumé dans le quatrième livre de sa *Doctrine chrétienne* une suite de règles pour les instructions publiques. On y trouve des détails historiques intéressants. On y
voit qu'en Afrique le prédicateur était seul assis à l'église , tous
les auditeurs se tenant debout ; mais que , dans d'autres pays ,
le peuple était assis.

Aucun Père de l'Église d'Occident ne fut aussi fécond que

___

(1) Si vis amari, ama.

saint Augustin; il fut et est encore le principal docteur de
cette Église. Aussi ne faut-il pas s'étonner de ce que ses ouvrages aient été conservés en si grand nombre : il dut cet heureux
privilège à l'autorité dont il jouit près de ses compatriotes, et
encore près de la postérité.

Il est vrai que ses œuvres ne soutirrent pas ce rang dans une
circonstance fort large : il n'y a que les œuvres d'art qui aient
l'honneur d'être accueillies également dans tous les temps et
d'être populaires. On n'en trouve pas moins dans ses écrits de
larges compensations et une juste récompense pour le faible
courage qu'il faut pour aborder un auteur aussi volumineux ;
on y trouve une grande richesse de pensées profondes, une
rare pénétration, une étonnante souplesse dans la dialectique,
et une connaissance admirable du cœur humain, jusque dans
ses replis les plus cachés. Quant aux longueurs de l'exposition
et aux fautes qu'y relèverait un goût épuré, les hardiesses
d'un cœur plein de son sujet, les témérités d'un génie puissant,
confiant en Dieu, en dédommageront amplement, ou plutôt
procureront les plus douces émotions.

« Dans la chrétienté latine, dit M. le docteur Henri Ritter, il
ne s'est pas accompli, depuis l'époque de saint Augustin, un
seul mouvement vers la recherche des premiers principes où
saint Augustin n'ait pas joué un rôle considérable. Un écrivain
d'une telle importance mérite bien d'être connu et lu. »

Au moment où ses doutes étaient les plus intenses, il fit connaissance avec les traductions latines de Platon, qui imprimè-
rent à son esprit un essor plus élevé, le purifièrent de ses représentations sensuelles, et déterminèrent sa foi en la Trinité (1). Avant d'embrasser la doctrine du Christ, il devait
passer par le platonisme : Cette école prépara son esprit à
s'élancer plus ardemment vers la vérité, et à rentrer plus profondément en lui-même; il y apprit aussi qu'il chercherait en

(1) De verâ Religione. 7.

vain dans les écoles philosophiques ce calme et cette sécurité de l'âme que donne seule la possession sûre de la vérité. Au lieu de trouver la paix dans cette étude, il sentit le combat de son âme excité plus vivement : il aperçut la vérité; mais de chemin pour y parvenir, point. Il voulut paraître sage, mais non l'être. Il regardait enfin le Christ comme un sage, plus sage que tous les autres hommes, mais de même nature.

Tel fut pour saint Augustin le résultat de l'étude de Platon. Elle le conduisit aussi à celle de l'Ecriture sainte, surtout des écrits de saint Paul. C'est alors qu'il sentit plus vif et plus poignant que jamais le besoin de s'affranchir du joug des passions; mais il n'en trouva pas d'abord la force, parce qu'il la cherchait en lui. Sa philosophie grandit avec son âme au milieu de ses luttes intérieures, dont il nous a retracé le tableau émouvant. Enfin, à force de méditations, de combats internes, livrés contre des passions basses, que lui-même combattait et dont il rougissait, sa nature ardente, active, fut poussée à une résolution suprême, et son noble esprit se décida bravement pour une vie conforme au génie du christianisme, tel qu'il le comprenait.

Le christianisme agissait déjà sur lui depuis longtemps, et, de jour en jour, il lui apparaissait comme plus complet et plus vrai. Dépouillant donc ses anciennes habitudes, et rassemblant tout son courage, il brisa les entraves qu'il rencontrait en lui-même, et entra dans la voie pour laquelle il se sentait fort. C'est alors qu'il se convertit.

Son esprit, curieux de tout ce qui était digne d'occuper la pensée de l'homme, avait aussi pénétré dans les travaux des néoplatoniciens : il est vrai qu'il y fut amené par l'intermédiaire d'hommes dont les sentiments étaient tout chrétiens ; ce qu'il prit du néoplatonisme fut donc profondément imprégné du génie du christianisme. Il évita ainsi les excès de la première de ces doctrines, tout en profitant largement de ce qu'il y avait de bon et de sérieux. L'influence du néoplatonisme fut manifeste non seulement dans ses écrits, mais jusque dans sa vie pratique. La séquestration d'avec le monde, la retraite dans des méditations édifiantes, dans une vie contemplative, même dans des occupations scientifiques, retraite qui commençait alors à exercer ses séductions dans l'Occident, se rapprochait peut-être plus du genre de vie néoplatonicien que du genre de vie chrétien, qui, jusqu'alors du moins, était apparu en Occident plutôt comme pratique et actif que comme monacal. Ce qui le prouve avec la dernière évidence c'est que, longtemps avant sa conversion, saint Augustin avait déjà songé avec ses amis à une semblable vie de communauté, de contemplation et de science.

Si l'on demande maintenant quels motifs empêchèrent saint Augustin de mener rigoureusement la vie de retraite qu'il avait projetée, en société seulement avec quelques-uns de ses amis, on en trouvera deux principaux, dont le développement ne laisse pas de jeter un jour intéressant sur l'histoire de sa vie et sur son caractère.

Le premier de ces motifs fut son activité d'écrivain, qui commença du moment où il déposa ses fonctions de professeur de rhéthorique : l'amour de la gloire, l'ambition de former une école, le désir de mériter les louanges des hommes, percent dans ses premiers écrits, et lui-même l'avoua depuis; il s'en excusa, et, en le faisant, il confessa encore qu'il craignait toujours de succomber aux séductions de l'honneur et de la renommée. Il craignait, dans son exquise délicatesse, dans l'excès de ses scrupules, que ces séductions n'eussent revêtu en lui les apparences et les prétextes de l'amour du prochain, du désir de l'éclairer.

Le second de ces motifs qui l'empêchèrent de mener une vie entièrement cénobitique se rattache intimement au premier. Ce qui l'avait surtout frappé dans son étude de l'Écriture sainte, c'étaient les preuves manifestes qu'il y avait trouvées en foule de la divinité de la doctrine chrétienne. Il considérait dès lors cette doctrine comme le fil conducteur qui devait diriger tous les pas de la raison humaine. Cette doctrine s'adressait à tous les hommes; elle était éminemment catholique, c'est-à-dire universelle : elle devait donc être la base de l'éducation intellectuelle et divine de toute l'humanité. De là cette conviction, pour saint Augustin, que l'individu ne peut se séparer entièrement de la communion à laquelle il appartient par nature; qu'il ne peut s'isoler complètement des mouvements et des intérêts de cette communion, ni renoncer à tout rapport actif, pratique, avec le monde. Il ne pensait point qu'il lui fût permis de reculer devant le devoir d'éclairer ses semblables, en leur faisant part du fruit de ses veilles et de ses méditations, non plus que de leur refuser le secours de ses conseils, de sa parole ou de sa plume, quand leurs intérêts spirituels ou ceux de l'Église en général lui paraissaient l'exiger.

Aussi sa retraite du monde n'eut-elle jamais rien de comparable à celle des solitaires de la Thébaïde. Il quitta le monde, mais sans l'oublier, sans que son ardente charité lui permît jamais d'en considérer les événements avec indifférence. Il en fuit les dangers, les séductions et les passions; mais un ressort énergique ne le tenait pas moins en rapport constant avec les hommes : c'était le sentiment profond qu'il avait de sa connexion avec son siècle, de sa capacité et de sa puissance à en diriger les affaires. De là cette vie qu'il mena, vie intermédiaire entre le monde et la retraite; la solitude et ses austérités étaient réservées pour sa vie privée; l'application aux intérêts de l'Église, auxquels il consacrait toute son attention et toutes ses forces, était la part de sa vie publique.

Limoges. — Imprimerie de Barbou frères.

www.ingramcontent.com/pod-product-compliance
Lightning Source LLC
Chambersburg PA
CBHW060517090426
42735CB00011B/2260